新選明文東洋古典大系

新完譯

中 庸

-경제학자가 본 알기 쉬운 중용-

姜秉昌 譯註

明文堂

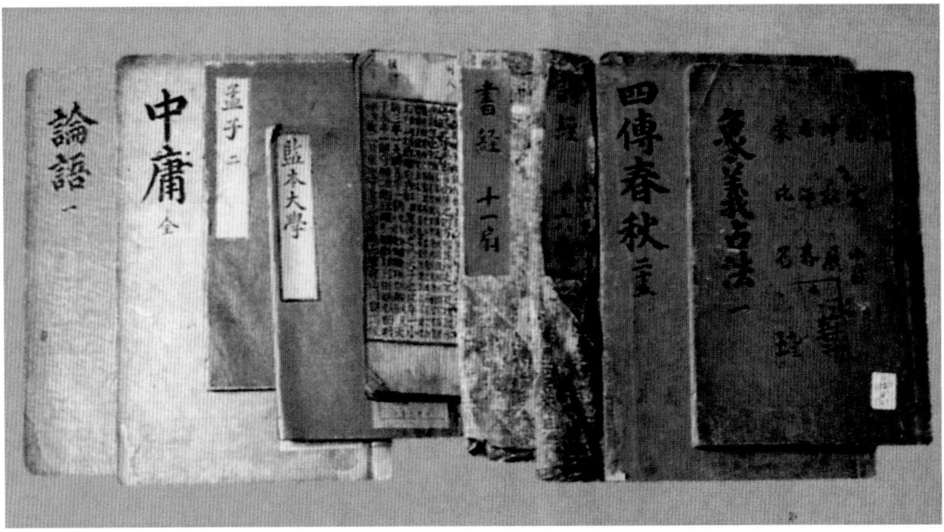

▲**사서오경**(四書五經) 《논어(論語)》《맹자(孟子)》《대학(大學)》《중용(中庸)》이 4서이고 《시경(詩經)》《서경(書經)》《역경(易經)》《춘추(春秋)》《예기(禮記)》가 5경이다. 유가(儒家)의 기본적 경전의 총칭이다.

◀**공문십철**(孔門十哲)
공자의 제자들 가운데 특별히 학덕이 높은 10명을 가리킨다. 덕행(德行)으로 이름난 안회(顏回)·민자건(閔子騫)·염백우(冉伯牛)·중궁(仲弓), 언어(言語)로는 재여(宰予)·자공(子貢), 정사(政事)로는 염유(冉有)·계로(季路), 문학(文學)으로는 자유(子游)와 자하(子夏)가 있다.

▶**공자 입상**(孔子立像) 중국 춘추시대의 사상가·학자로 이름은 구(丘), 자는 중니(仲尼)로 유교(儒教)의 개조(開祖)이다. 기원전 551~기원전 479년. 《중용》에는 공자의 언행을 기록한 《논어(論語)》와 공자가 편찬하였다고도 하는 《시경(詩經)》에서의 인용이 많이 나온다.

▼**공묘대성전**(孔廟大成殿) 공자(孔子)를 제사지내는 공묘의 정전(正殿), 맹자(孟子)의 평(評)에 공자는 성지(聖旨)를 겸비하고 선인(先人)의 갖가지 장점을 '집대성(集大成)' 했다 하여 '대성전'이란 이름을 붙였다. 산동성 곡부(曲阜)에 있다.

◀**정호**(程顥: 왼쪽)와 **정이**(程頤:오른쪽) 형 정호와 동생 정이는 이정자(二程子)라고도 불리는데 송학(宋學)의 기초를 세웠으며 주자(朱子)에게 큰 영향을 미쳤다. 정자는 '《대학》은 공씨(孔氏:공자)의 유서(遺書)'라고 하였다.

▼**주자**(朱子) 중국 송(宋)나라 때의 유학자. 1130~1200년, 이름을 희(熹), 자는 원회(元晦) 또는 중회(仲晦), 호는 회옹(晦翁) 또는 운곡노인(雲谷老人)이라 했다. 주자는 이정자(二程子)의 설을 계승 발전시켜 〈중용장구〉, 〈중용혹문〉 등을 저작했다.

▼**백록동서원**(白鹿洞書院) 주자(朱子)가 남강군지사(南康軍知事)로 있을 때 중수(重修)하여 많은 제자를 길러냈다.

역주서

《중용》은 대체로 공자(孔子)의 손자인 자사(子思) 공급(孔伋)의 저작이라 알려져 있다. 옛 문헌이 다 그렇듯이 이 《중용》 역시 죽간(竹簡)으로 되었던 것인데 주자(朱子)가 장(章)과 구(句)로 나누고 〈중용장구서〉, 〈독중용법〉을 붙임으로써 '33장'으로 된 경전의 체제가 갖추어졌다.

이 33장을 언급한 내용에 의거하여 다시 모아보면 제1장은 대전지체요(大全之體要)를, 제2장~제11장까지는 대전지묘용(大全之妙用)을, 제12장~제19장까지는 설비은(說費隱)을, 제20장~제26장까지는 성(誠)을 설명하였고, 제27장~제32장까지는 대덕(大德)과 소덕(小德)을 설명하였으며, 그리고 제33장은 다시 수장(首章)을 설명한 것이라 한다.

위의 내용으로 알 수 있듯이 《중용》은 우주의 만사 만물을 하나로 꿰뚫는 원리로써 지위, 대상과 시간에 불구하고, 또 어떤 상황의 시(始)·중(中)·종(終)에 불구하고 항상 중심을 파악하여 거기에 적중(的中)함이 곧 천명이라 여긴다. 그것이 바로 천지와 더불어 그 덕에 합하는 것[與天地合其德]이며, 이체일심(二體一心)이며, 정응(正應)이며, 따라서 천시의 변화, 지위의 변화, 인덕(人德)의 변화에 알맞게 선처

할 수 있음은 물론, 그것이 곧 자천우지(自天祐之) 길무불리(吉无不利)이기 때문이다.

이런 시각에서 볼 때 《중용》은 수시처중(隨時處中), 여시해행(與時偕行)에 관한 이론서라 할 수 있다. 적중의 주체는 자기이며, 자기의 주체는 마음이고, 그 마음은 몸에 담겨 있으니 몸을 닦음으로써 감정에 빠지지 않고 중용의 상태, 즉 여천합일(與天合一)인 지선(至善)의 세상이 이루어질 수 있다는 것이다. 세상의 길흉은 사람의 덕에 따라 달라지는 것이므로 사람이 덕을 쌓아 천지의 덕에 항상 적중, 즉 합치하도록 관리하는 노력이 중용 공부이며, 《중용》을 읽는 이유라 하겠다.

그런데 이런 목적을 가진 한글 세대, 독학자 내지 경영자들이 쉽게 접근할 수 있는 직역서가 흔치 않다. 또 우리 문화의 원류가 유학임에도 그런 경전을 바르고 쉽게 독해할 수 있도록 된 것이 부족한 것이 현실이다. 이런 점을 해소하고 나아가 유학에 대한 이해를 넓히는 자료를 제공하자는 취지에서 천학(淺學)을 무릅쓰고 원문에 독음을 달고, 가급적 직역을 하고, 자의(字意)와 간단한 해설을 붙였다.

해설은 오직 경제학도의 시각으로써 독자의 지혜를 유발하려는 의도일 뿐이다. 그리고 경전을 대할 때 받는 시각적 중압감을 해소하고 신세대의 감각에도 맞게끔 주석은 주해로 처리하였다. 이 역서의 대본은 내각본이며, 원문의 현토는 필요에 따라 다소 조정하기도 하였다. 독자의 편의를 위해 감히 장·절에 제목을 붙였다.

이 역저로 인하여 유학이 바르게 이해되고 나아가 자기관리의 보감(寶鑑)이 되어 세상이 조금이라도 진실해 진다면 더없는 보람이 아니겠는가? 또 기업경영에 원용되어 풍요와 조화의 실마리로 작용한다면 더없이 다행한 일이 될 것이다. 업계의 어려운 사정에도 《경제학자가 본 알기 쉬운 논어》에 이어 이 《경제학자와 함께 읽는 중용》의 출판을 승낙한 명문당(明文堂) 사장님과 제위께 감사드린다.

2004년 5월

역주자

차 례

역주서 ······ 5

중용장구서(中庸章句序) ······ 19

독중용법(讀中庸法) ······ 35

중용장구(中庸章句) ······ 43

제1장 중용의 체요

1-1. 하늘이 품부한 대로 타고난 것을 천성이라 하는 것이요 ······ 43
1-2. 도라는 것은 잠시도 떨어질 수 없는 것이니 ······ 46
1-3. 숨은 것보다 드러나는 것은 없으며 ······ 47
1-4. 희노애락이 아직 발동하지 않은 상태는 ······ 49
1-5. 중과 화의 덕을 지극히 하면 ······ 51

제2장 중용은 군자의 도

2-1. 중니왈. 군자는 중용을 행하고 ······ 53

2-2. 군자의 중용은 …… 54

제3장 **중용은 지극한 도**

3-1. 자왈. 중용은 아마 지극히 평상적 선도일 거야 …… 56

제4장 **중용은 일상의 도**

4-1. 자왈. 중용의 도가 행해지지 못함을 …… 58
4-2. 사람이 먹고 마시지 않는 이가 없건만은 …… 59

제5장 **행도의 단서**(行道端緖)

5-1. 자왈. 중용의 도가 아마 …… 60

제6장 **대지**(大智)

6-1. 자왈. 순임금은 아마 …… 61

제7장 **지**(知)**와 중용**

7-1. 자왈. 사람들이 모두 다 말하기를 …… 64

제8장 **중용의 체행**(體行)

8-1. 자왈. 안회의 사람됨은 …… 66

제9장 중용은 지난(至難)한 것

9-1. 자왈. 천하와 국가일지라도 …… 67

제10장 군자의 강(强)

10-1. 자로가 강함에 대해 질문하였다 …… 69
10-2. 자왈. 남방의 강함인가 …… 69
10-3. 관대하고 유순의 도리로써 가르치고 …… 70
10-4. 무기와 갑옷을 깔고 …… 71
10-5. 그러므로 군자는 융화하면서도 …… 72

제11장 생의 실현과 중용의 도

11-1. 자왈. 평소 은거하여 생활하고 행동을 괴이하게 하는 것을 …… 74
11-2. 군자는 중용의 도를 따라 행하다가 …… 76
11-3. 군자는 중용에 의거하고 …… 77

제12장 도(道)의 원리

12-1. 군자의 정도는 …… 79
12-2. 필부필부의 어리석음으로도 …… 80

12-3. 《시경》에 이르기를 솔개는 하늘에 이르도록 날아오르고 ……82
12-4. 군자의 도는 필부필부에서 단서가 만들어지니 ……83

제13장 도는 멀리 있지 않음

13-1. 자왈. 중용의 도는 사람들에게서 멀리 있지 않은 것이니 ……84
13-2. 《시경》에 이르기를 도끼자루 만들 나무를 베네! ……85
13-3. 충성과 용서는 중용의 도와 헤어져 멀리 있는 것이 아니니 ……87
13-4. 군자의 도에 넷이 있는데 ……89

제14장 정명론(正名論)

14-1. 군자는 현재의 자기 위치에 따라 행할 뿐이요 ……92
14-2. 현재 부귀하면 부귀에서 행하고 ……93
14-3. 윗자리에 있으면서 아랫사람을 능멸하지 아니하며 ……94
14-4. 그러므로 군자는 평탄한 도리로 살며 ……95
14-5. 자왈. 활쏘기는 군자의 중용의 도와 유사하니 ……96

第15장 고원은 비근에서부터

15-1. 군자의 도는 비유하면 …… 98
15-2. 《시경》에 이르기를 부부, 자녀가 잘 화합하여 …… 99
15-3. 자왈. 부모는 아마 뜻대로 될 거야 …… 100

第16장 귀신의 공덕

16-1. 자왈. 귀신의 덕됨이야말로 …… 101
16-2. 귀신을 보려고 해도 보이지 아니하며 …… 102
16-3. 천하의 사람들로 하여금 …… 103
16-4. 《시경》에 이르기를 신의 강림은 헤아려 알 수 없거늘 …… 105
16-5. 대저 은미한 것이 나타나는 것이니 …… 106

第17장 덕성 수양과 천명

17-1. 자왈. 순임금은 아마 위대한 효자였나 보다 …… 107
17-2. 그러므로 대덕은 반드시 그 지위를 얻으며 …… 108
17-3. 그러므로 하늘이 만물을 낳을 적에는 …… 109
17-4. 《시경》에 이르기를 아름답고 즐거우신 군자여 …… 110
17-5. 그러므로 대덕자는 …… 111

第18장 조부와 손자의 연대

18-1. 자왈. 근심이 없는 자는 …… 112
18-2. 무왕이 태왕인 왕계와 문왕의 통서를 이어 …… 113
18-3. 무왕이 말년에야 천명을 받으셨거늘 …… 114

第19장 주공의 제사 예법

19-1. 자왈. 무왕과 주공은 …… 117
19-2. 대체로 효도라는 것은 …… 118
19-3. 봄 · 가을에는 그 조상의 사당을 수리하며 …… 119
19-4. 종묘의 예는 소목에 순서를 매기기 위한 것이요 …… 120
19-5. 그의 자리에 나아가 그가 행하던 예대로 행하며 …… 122
19-6. 교제와 사직제의 예법은 …… 123

第20장 성실 총론

20-1. 애공이 정사에 관해 공자께 묻자 …… 125
20-2. 자왈. 주나라의 문왕과 무왕의 정치 행적이 …… 126
20-3. 사람이 걸어가야 할 정도는 …… 127
20-4. 그러므로 정치를 한다는 것은 …… 128
20-5. 인이라는 것은 인간성이니 …… 129

20-6. 아래 지위에 있으면서 …… 131
20-7. 그러므로 군자는 …… 132
20-8. 천하 사람들이 통용하여야 할 도의 다섯 가지 …… 133
20 - 9. 어떤 사람은 태어나자마자 …… 135
20-10. 배우기를 좋아함은 지혜에 가깝고 …… 137
20-11. 이 셋을 알면 …… 138
20-12. 무릇 천하국가를 다스리는 데 …… 139
20-13. 수신이 되면 앞으로 나아갈 길이 확립되고 …… 141
20-14. 정신을 맑게 하여 잡념을 없애고 …… 143
20-15. 무릇 천하국가를 다스리는 데 …… 147
20-16. 모든 일은 미리 알면 그것이 성립되고 …… 147
20-17. 아랫사람이 윗사람의 신임을 얻지 못하면 …… 149
20-18. 성이란 것은 하늘의 도요 …… 150
20-19. 넓게 배우고 …… 152
20-20. 배우지 않음이 있을 망정 …… 153
20-21. 과연 능히 이런 방법으로 할 수 있으면 …… 155

제21장 **성실의 효용**

21-1. 스스로가 성이기 때문에 밝은 것을 …… 158

第22장 성실이 본성에 이르게 함

22-1. 오직 천하에 지성만이 …… 159

第23장 성실이 감화시킴

23-1. 그 다음 차례는 곡절마다 성을 이루게 되는 것이니 …… 161

第24장 성실은 신과 같은 것

24-1. 지성의 도는 …… 163

第25장 성실의 참된 도리

25-1. 성이라는 것은 스스로 완성하는 것이요 …… 165
25-2. 성이란 것은 만물의 시작이요, 끝이니 …… 166
25-3. 성은 스스로 자기를 완성할 뿐만 아니라 …… 167

第26장 성실은 천도와 같은 것

26-1. 그러므로 지극한 정성은 휴식이 없는 것이니 …… 169
26-2. 불식은 시간적으로 오래 가고 …… 169
26-3. 증거물이 있게 되면 시공으로 장구하고 …… 170
26-4. 넓고 두터운 것은 만물을 실을 수 있는 까닭이 되고 …… 171

26-5. 넓고 두터운 것은 땅과 배합하고 …… 172
26-6. 이와 같은 사람은 보여주려고 나타내지 않아도 자연히 문채가 나타나고 …… 173
26-7. 천지의 도는 …… 174
26-8. 천지의 도는 …… 175
26-9. 그런데 지금 대저 하늘이 …… 176
26-10. 《시경》에 이르기를 하늘과 땅의 천명이 …… 178

제27장 성인론

27-1. 참으로 위대하구나! 성인의 도여 …… 180
27-2. 풍부하구나! …… 180
27-3. 부족함없이 넉넉하고 크도다 …… 181
27-4. 기다려 그런 사람이 나온 뒤에야 …… 182
27-5. 그러므로 진실로 지극한 덕이 있지 아니하면 …… 183
27-6. 그러므로 군자는 …… 183
27-7. 그러므로 윗자리에 있으면서도 교만하지 않으며 …… 186

제28장 당시의 형편에 순응

28-1. 자왈. 우매하면서도 …… 187
28-2. 천자가 아니면 …… 188

28-3. 그런데 지금 수레 좌우 바퀴의 간격을 …… 189
28-4. 비록 그런 지위에 있으나 …… 190
28-5. 자왈. 내 하나라의 예악을 좋아하지만 …… 191

제29장 군자의 도

29-1. 임금이 천하를 경영함에 …… 192
29-2. 상고시대의 예는 …… 193
29-3. 그러므로 군자의 도는 …… 195
29-4. 그 중용지도를 귀신에게 물어봐도 의혹되지 않음은 …… 196
29-5. 그러므로 군자는 …… 197
29-6. 《시경》에 이르기를 저 멀리 있어도 싫지 않으며 …… 198

제30장 군자의 도는 천도와 같음

30-1. 공자께서는 요순을 종조로 하여 이어받으셨고 …… 199
30-2. 비유컨대 마치 천지가 싣고 지탱하지 아니함이 없고 …… 201
30-3. 만물은 함께 어울려 자라나되 서로 해치지 않으며 …… 202

제31장 성인의 덕

31-1. 오직 천하의 지극한 성인이어야만 …… 203

31-2. 도량이 넓고 깊은 원천이 있어서 ……205
31-3. 광대하기는 하늘과 같고 ……206
31-4. 그러므로 그의 명성이 중국에 크게 넘쳐흘러서 ……207

제32장 **성인의 도리**

32-1. 오직 천하에 성을 이룬 자만이 ……208
32-2. 정성스러우니 그는 체인이 되었으며 ……210
32-3. 진실로 확고하게 총명, 성지로 천덕을 통달하여 아는 자가 아니면 ……211

제33장 **복신수장**(復申首章)

33-1. 《시경》에 이르기를 문채나는 비단옷을 입고 ……212
33-2. 《시경》에 이르기를 깊이 잠기어 비록 숨어 있으나 ……215
33-3. 《시경》에 이르기를 네가 방에 혼자 있을 때를 보건대 ……216
33-4. 《시경》에 이르기를 나아가 신명을 이르게 할 적에 ……217
33-5. 《시경》에 이르기를 나타나서 보이지 않으나 오직 그 덕을 ……219
33-6. 《시경》에 이르기를 내가 생각하는 명명덕은 ……220

색인(索引) ……224

중용장구서(中庸章句序)

(원문) 中庸은 何爲而作也오 子思子 憂道學之失其傳而
중용 하위이작야 자사자 우도학지실기전이

作이시니라 蓋自上古 聖神繼天立極으로 而道統之傳이
작 개자상고 성신계천입극 이도통지전

有自來矣라
유자래의

(자의) ○庸－쓸 용, 평소 용. ○子思－공자의 손자 급(伋)의 자(字), 《중용》의 저자. ○子－님 자. ○憂－근심 우, 병 우. ○道學－《중용》의 도학. ○傳－전할 전, 전기 전. ○蓋－덮을 개, 대개 개, 어찌 개. ○聖神－고대의 성인. ○極－표준 극.

(국역) 《중용》은 무엇 때문에 지었는가? 자사께서 중용의 도학이 상실될 것을 염려하여 그것을 전수하려고 지은 것이다. 대체로 아주 옛날부터 무불명 무불통한 성인이 천지의 원리를 계승하여 인극(人極 : 황제)을 세움으로 중용 도통의 전수가 자연히 유래하게 되었다.

원문 其見於經則允執厥中者는 堯之所以授舜也요 人心
기현어경즉윤집궐중자 요지소이수순야 인심
惟危 道心惟微 惟精惟一 允執厥中者는 舜之所以授
유위 도심유미 유정유일 윤집궐중자 순지소이수
禹也니 堯之一言이 至矣盡矣어시늘 而舜이 復益之以
우야 요지일언 지의진의 이순 복익지이
三言者는 則所以明夫堯之一言이니 必如是而後에야
삼언자 즉소이명부요지일언 필여시이후
可庶幾也라
가서기야

자의 ㅇ厥－그 궐. ㅇ允執厥中－《논어》〈요왈편〉 20－1에 나옴. ㅇ堯－높을 요, 멀 요, 요임금 요. ㅇ所以－쓴 것. ㅇ舜－순임금 순, 무궁화 순. ㅇ所以明－분명히 하기 위한 것. ㅇ庶幾－근사하다.

국역 그 도가 경서에 나타나 있는 것을 보면, 진실로 그 중심을 잡고 지키라는 네 글자는 요임금이 순임금에게 제위(帝位)를 전수할 때에 쓴 것이요, 인심(사람의 私心)은 오직 위태하기만 하고, 정도의 마음은 오직 은미하기만 하니, 오직 정수(精粹)하고 오직 한결같이 진실로 그 중심을 잡고 지키라는 열여섯 글자는 순임금이 우임금에게 제위를 전수할 때에 쓴 것이다. 요임금의 한 구절의 말씀이 지극하고 남김없이 다한 말이지만, 순임금이 그것에 다시 세 마디의 말씀으로써 보탠 것은 곧 대저 요임금의 한 구절의 말씀의 뜻을 분명히 하기 위한 것으로, 반드시 이와 같이 한 연후에야 그 본뜻에 근사하게 될 수 있기 때문이다.

원문 蓋嘗論之컨대 心之虛靈知覺이 一而已矣어늘 而以
개상논지 심지허령지각 일이이의 이이

爲有人心道心之異者는 則以其或生於形氣之私하며
위유인심도심지이자 즉이기혹생어형기지사

或原於性命之正하여 而所以爲知覺者不同이라 是以로
혹원어성명지정 이소이위지각자부동 시이

或危殆而不安하고 或微妙而難見耳라
혹위태이불안 혹미묘이난견이

자의 ㅇ嘗－일찍 상. ㅇ虛靈－마음의 체(體). ㅇ知覺－마음의 용(用). ㅇ以爲－여기다. ㅇ人心－형기지사(形氣之私). ㅇ道心－성명지정(性命之正). ㅇ所以－소이, 까닭, 원인, 연고, 방법. ㅇ是以－그래서, 그러므로. ㅇ危－위태할 위.

국역 대체로 전에도 이 문제를 논의했는데 마음의 허령과 지각은 하나일 뿐이거늘, 또 인심과 도심이 다른 것으로 여기는 것은 그것이 어떤 경우에는 형기의 사심에서 생긴다고 여기며, 어떤 경우에는 성명의 바름에 근원한다고 함은 지각하려는 까닭이 같지 않기 때문이다. 그러므로 혹시 위태로워 불안하고 혹시 미묘하여 알아보기가 어려울 뿐이다.

원문 然이나 人莫不有是形이라 故로 雖上智라도 不能無
연 인막불유시형 고 수상지 불능무

人心이오 亦莫不有是性이라 故로 雖下愚라도 不能無
인심 역막불유시성 고 수불우 불능무

道心하니 二者가 雜於方寸之間이나 而不知所以治之면
도심 이자 잡어방촌지간 이부지소이치지

則危者愈危하고 微者愈微하여 而天理之公이 卒無以
즉위자유위 미자유미 이천리지공 졸무이

勝夫人欲之私矣리라
승부인욕지사의

자의 ㅇ上－최고, 가장. ㅇ人心－사람의 사심(私心). ㅇ道心－사람의 도심(道心). ㅇ方寸之間－사방 1촌의 공간, 즉 마음. ㅇ愈－더욱 유. ㅇ公－공평무사. ㅇ卒－드디어, 마침내, 결국. ㅇ無以－할 수 없다. ㅇ勝－이길 승.

국역 그러나 사람은 그런 형체를 가지지 않은 이가 없다. 그러므로 비록 가장 지혜로운 이라도 능히 인심이 없을 수 없는 것이요, 역시 그러한 성품을 가지지 않는 이가 없다. 그러므로 가장 우매한 이라도 능히 도심이 없을 수 없는 것이니, 이 둘이 마음속에 섞여 있어서 그것을 다스리는 방식을 알지 못하면, 위태로운 것은 더욱 위태하고 은미한 것은 더욱 은미하여 천리의 공심(公心)이 마침내 대저 인욕의 사심을 이길 수 없다.

원문 精은 則察夫二者之間而不雜也요 一則守其本心
정 즉찰부이자지간이부잡야 일즉수기본심

之正而不離也니 從事於斯하여 無少間斷하여 必使道
지정이불리야 종사어사 무소간단 필사도

心으로 常爲一身之主하여 而人心으로 每聽命焉이면 則
심 상위일신지주 이인심 매청명언 즉

危者安하고 微者著하여 而動靜云爲 自無過不及之差矣
위자안 미자저 이동정운위 자무과불급지차의

리라

자의 ㅇ精－유정유일(惟精惟一)의 정(精). ㅇ一－유정유일(惟精惟一)의 일(一). ㅇ離－거리 리. ㅇ斯－이 사. 즉 유정유일. ㅇ焉－어차(於此)=도심(道心). ㅇ著－나타날 저, 지을 저, 입을 착, 붙을 착. ㅇ云爲－언행.

국역 정수(精粹)하면 대저 둘 사이를 관찰하여 아무것도 섞이는 것이 없이 순수하게 되고, 한결같으면 그 본심의 바름을 준수하여서 떠나지 않고 한결같게 되는 것이니, 이로부터 일을 좇아 조금도 중간에 끊어짐이 없게 하여 반드시 도심으로 하여금 항상 내 일신의 주인이 되게 하여, 인심이 매양 이 도심의 명을 듣고 순종케 하면, 위태함은 안정되고, 은미함은 드러나서, 동정과 언행에 자연히 초과와 미치지 못함의 차별이 없게 될 것이다.

원문 夫堯舜禹는 天下之大聖也시고 而天下相傳은 天下之大事也니 以天下之大聖으로 行天下之大事하시되 而其授受之際에 丁寧告戒는 不過如此하시니 則天下之理가 豈有以加於此哉리오
부요순우 천하지대성야 이천하상전 천하지대사야 이천하지대성 행천하지대사 이기수수지제 정녕고계 불과여차 즉천하지리 기유이가어차재

자의 ㅇ相傳－대대로 전해 줌. ㅇ丁寧－재삼 부탁하다. 신신당부하다. ㅇ豈－어찌 기.

국역 대저 요·순·우는 천하의 위대한 성인이시고, 천하를 가지고 서로 전수하는 것은 천하의 큰 일이니, 천하의 위대한 성인으로서 천하의 대사업을 행하시되, 그들이 그것을 주고받을 즈음에 재삼 부탁해 경계하신 말씀은, 이와 같은 것에 지나지 않았으니, 천하의 이치가 어찌 이것에 더 보탤 것이 있겠는가?

원문 自是以來로 聖聖相承하시니 若成湯文武之爲君과 皐陶伊傅周召之爲臣이 旣皆以此 而接夫道統之傳하
자시이래 성성상승 약성탕문무지위군 고요이부주소지위신 기개이차 이접부도통지전

시고 若吾夫子는 則雖不得其位나 而所以繼往聖開
약오부자 즉수부득기위 이소이계왕성개

來學은 其功이 反有賢於堯舜者라
래학 기공 반유현어요순자

자의 ㅇ成湯－은나라 탕임금. ㅇ皐－언덕 고. ㅇ陶－즐거울 요. ㅇ伊－저 이. ㅇ傅－스승 부. ㅇ所以－그러니, 그러니까. ㅇ反－도리어. ㅇ賢－나을 현.

국역 이로부터 이후로 성인과 성인이 서로 계승이 되었으니, 성탕과 문왕·무왕 같은 이가 임금이 되고, 고요·이윤·부열·주공·소공 같은 이가 신하가 되어, 이미 모두 이것으로써 대체로 도통의 전수에 접하셨고, 우리 선생님(공자) 같은 분은 비록 그 지위를 얻지 못하였으나, 지나간 성인들을 이어받으셨고 후세 학자들에게 중용의 도를 열어놓았으니, 그 공은 도리어 요순보다 훌륭함이 있다.

원문 然이나 當是時하여 見而知之者는 惟顔氏曾氏之傳
연 당시시 견이지지자 유안씨증씨지전

이 得其宗이러시니 及其曾氏之再傳하여 而復得夫子之
득기종 급기증씨지재전 이복득부자지

孫子思하여는 則去聖遠而異端이 起矣라
손자사 즉거성원이이단 기의

자의 ㅇ顔－얼굴 안. ㅇ顔氏－안회. ㅇ曾－일찍 증. ㅇ曾氏－증삼. ㅇ得－얻을 득, 깨달을 득. 이룸. ㅇ再傳－증자의 제자가 자사의 스승으로 전함. ㅇ異端－제자백가의 사상.

국역 그러나 그때를 당하여 보고 그것을 깨달아 안자는 오직 안회와 증삼의 전승이 그 종지를 얻었고, 그 증삼이 두 번 전하여 다시 공자의 손자인 자사가 깨달음을 얻게 됨에 미쳐서는[及], 과거 성인과의 세월의 거리가 멀어, 이단들이 일어나게 되었다.

원문 子思懼夫愈久而愈失其眞也하사 於是에 推本堯舜
자사구부유구이유실기진야 어시 추본요순

以來相傳之意하시고 質以平日所聞父師之言하여 更互
이래상전지의 질이평일소문부사지언 경호

演繹하여 作爲此書하사 以詔後之學者하시니 蓋其憂之
연역 작위차서 이조후지학자 개기우지

也深하니 故로 其言之也切하고 其慮之也遠하니 故로
야심 고 기언지야절 기려지야원 고

其說之也詳하시니라
기설지야상

자의 ㅇ懼－두려워할 구. ㅇ於是－그래서. ㅇ推－받들다, 칭찬하다. ㅇ父師－자기가 가르침을 받는 사람. ㅇ更－고칠 경. ㅇ演繹－한

가지 일을 추리하여 다른 일을 끌어냄. ㅇ詔－알릴 조.

국역 자사는 대저 세월이 더 오래되면 그 중용지도의 진리를 더 잃을까 두려웠다. 그래서 요순으로부터 이후 서로 전수하던 뜻을 근본으로 받들고, 평소에 들은 바 스승의 말씀으로써 본질로 삼아서, 다시 상호 관계를 미루어 풀이하여 이《중용》책을 만들어서 훗날의 학자들을 가르치기 위하여, 대개 그가 근심하던 것들이 깊었던 고로 그의 말한 것들이 간절하였고, 그 우려함이 원대하였던 고로 그의 설명이 자상하였다.

원문 其曰 天命率性 則道心之謂也오 其曰 擇善固執
기왈 천명솔성 즉도심지위야 기왈 택선고집
則精一之謂也오 其曰 君子時中 則執中之謂也니 世
즉정일지위야 기왈 군자시중 즉집중지위야 세
之相後千有餘年이로되 而其言之不異가 如合符節이라
지상후천유여년 이기언지불이 여합부절

자의 ㅇ率－따를 솔. ㅇ擇－고를 택. ㅇ世之相後－요순부터 춘추시대까지 약 1500년의 기간. ㅇ符節－신표.

국역 거기서(《중용》) 말하는 천명과 솔성은 곧 도심을 두고 하는 말이요, 거기서 말하는 택선과 고집은 곧 정일(精一)을 두고 하는 말이요, 거기서 말하는 군자시중은 곧 윤집궐중을 두고 하는 말이니, 세대의 상호 선후 차이가 천여 년이 되었으되, 그 말뜻의 본질이 다르지 아니함이 부절을 합한 것과 같다.

원문 歷選前聖之書하여 所以提挈綱維하여 開示蘊奧가
역선전성지서 소이제설강유 개시온오
未有若是其明且盡者也라 自是而又再傳以得孟氏하
미유약시기명차진자야 자시이우재전이득맹씨
여 爲能推明是書하여 以承先聖之統이러시니 及其沒而
위능추명시서 이승선성지통 급기몰이
遂失其傳焉하니 則吾道之所寄는 不越乎言語文字之
수실기전언 즉오도지소기 불월호언어문자지
間하고 而異端之說이 日新月盛하여 以至於老佛之徒
간 이이단지설 일신월성 이지어노불지도
出하야 則彌近理而大亂眞矣라
출 즉미근리이대란진의

자의 ㅇ歷–지낼 력, 다닐 력, 매길 력. ㅇ挈–끌 설. ㅇ綱–벼리 강. ㅇ維–벼리 유. ㅇ蘊–쌓일 온. ㅇ奧–깊을 오. ㅇ未有–아직은 없다. ㅇ孟–맏이 맹. ㅇ孟氏–맹자. ㅇ沒–죽을 몰. ㅇ遂–이룰 수, 따를 수, 오로지 할 수, 드디어 수. ㅇ寄–붙일 기. ㅇ越–넘을 월, 지날 월. ㅇ以–벌써 이. ㅇ彌–두루 미, 더할 미, 오랠 미, 꿰맬 미.

국역 전성들의 책을 편력하여 골라서 그물 벼리를 잡아끌듯이 하였으니, 학문의 심오한 이치를 열어 보인 것이, 아직 이《중용》같이 그것이 분명하고 또 부족함이 없이 다한 책은 없다. 이로부터 또 두 번째 전수되어(자사―맹자) 맹자를 얻음으로써, 능히 이 책을 미루어 알 수 있게 되어서 선성(先聖)들의 도맥을 계승한 것으로 여겼더니 맹자가 세상을 떠남에 미쳐서는 드디어 그 전승이 끊어졌다. 우리들의 도학이 붙어있는 곳은 언어와 문자 사이를 벗어나지 못하고, 이단의 주장은 날로 새로워지고 달로 성해져서, 벌써〔以〕 노장과 불타의 무리들이 나옴에 이르러서는 더욱 이치에 가까운 듯하여 크게 진실로 어지럽게 되었다.

원문 然而尚幸此書之不泯이라 故로 程夫子兄弟者出하
연이상행차서지불민 고 정부자형제자출

사 得有所考하여 以續夫千載不傳之緒하시고 得有所
득유소고 이속부천재부전지서 득유소

據하여 以斥夫二家似是之非하시니 蓋子思之功이 於
거 이척부이가사시지비 개자사지공 어

是爲大요 而微程夫子면 則亦莫能因其語而得其心也
시위대 이미정부자 즉역막능인기어이득기심야

리라

자의 ㅇ尙幸—다행. ㅇ泯—없어질 민. ㅇ程夫子兄弟—정호(程顥)와 정이(程頤) 형제. 정호는 자가 백순(伯淳), 호가 명도(明道)로, 송조(宋朝) 육현(六賢)이고, 동생 정이는 자가 정숙(正叔), 호가 이천(伊川)으로 형 정호와 함께 송조 육현이다. ㅇ載—해 재. ㅇ微—무야(無也). ㅇ因—부터.

국역 그러나 다행히 이 《중용》의 책이 없어지지 않았다. 그러므로 정호(程顥)와 정이(程頤) 선생 형제가 나서서, 또 참고할 것을 얻은 것은, 대저 천년 동안 전하지 않던 통서(統緖)를 계속함으로써, 또 근거한 것을 얻은 것은 노불의 옳은 것 같으나 틀린 것을 물리쳤으니, 대개 자사의 공이 여기에서 위대하였고, 정씨(程氏) 두 선생이 없었더라면 역시 능히 그 《중용》과 같은 말로부터 그 중심을 깨달을 수는 없었을 것이다.

원문 惜乎라 其所以爲說者不傳이요 而凡石氏之所輯
석호 기소이위설자부전 이범석씨지소집

錄은 僅出於其門人之所記라 是以로 大義雖明이나 而
록 근출어기문인지소기 시이 대의수명 이

微言未析하고 至其門人所自爲說하여는 則雖頗詳盡而
미언미석 지기문인소자위설 즉수파상진이

多所發明이나 然이나 倍其師說而淫於老佛者亦有之
다소발명 연 배기사설이음어노불자역유지

矣라
의

자의 ㅇ惜－아까울 석. ㅇ以爲－생각하다, 여기다. ㅇ輯－모을 집. ㅇ僅－겨우 근. ㅇ微－아닐 미. ㅇ析－쪼갤 석. ㅇ頗－자못 파. ㅇ倍－곱 배, 어길 배. ㅇ淫－빠질 음.

국역 애석하도다. 그가 말하려고 생각한 것이 전하지 않고, 무릇 석씨[石憝]가 모아 기록한 것은 겨우 그 문인들이 기록한 것에서 나온 것이라. 그러므로 큰 뜻은 비록 밝게 알았지만 은미한 뜻의 말은 아직 해석이 안되고, 그 문인들 각자가 논설한 바에 이르러서는 비록 자못 상세하게 설명을 다하여 새로 밝힌 것이 많다. 그러나 스승의 학설에 위배되고 노불에 지나치게 빠진 것이 역시 거기에 있었다.

원문 熹自蚤歲로 卽嘗受讀而竊疑之하여 沈潛反復이
희자조세 즉상수독이절의지 침잠반복

蓋亦有年이러니 一旦恍然하야 似有以得其要領者라 然
개역유년 일단황연 사유이득기요령자 연

後에 乃敢會衆說而折其衷하여 旣爲定著章句一篇하여
후 내감회중설이절기충 기위정저장구일편

以俟後之君子하고 而一二同志로 復取石氏書하여 刪
이사후지군자 이일이동지 복취석씨서 산

其繁亂하여 名以輯略하고 且記所嘗論辨取舍之意하여
기번란 명이집략 차기소상론변취사지의

別爲或問하여 以附其後라
별위혹문 이부기후

자의 ㅇ熹-밝을 희. ㅇ蚤-일찍 조. ㅇ竊-저으기 절. ㅇ疑-의심 의. ㅇ沈-빠질 침, 깊을 심. ㅇ潛-빠질 잠. ㅇ恍然-문득, 갑자기. ㅇ俟-기다릴 사. ㅇ刪-깎을 산. ㅇ繁-번잡할 번. ㅇ輯-모을 집.

국역 모[熹]는 젊었을 때부터 일찍이 이 책을 받아 읽어보고 저으기 의심이 생겨, 침잠하고 반복함이 대체로 역시 여러해였는데 하루아침에 문득 흡사 그 요령을 터득한 것으로 여기게 되었다. 그런 이후에 마침내 감히 여러 학설을 모아 그것을 절충하여 장구 1편을 저술하기를 이미 확정하여, 후세의 군자를 기다리기로 생각하고, 한두 명의 동지들과 다시 석씨의 책을 모아 그 번잡하고 혼란함을 산정(刪定)하여 〈집략〉이라 명명하고, 또 일찍이 논변하여 취사한 뜻을 기록하여 별도로 〈혹문〉이라 하여 그 뒤에 첨부하였다.

원문 然後에 此書之旨이 支分節解하여 脈絡貫通하고 詳
연후 차서지지 지분절해 맥락관통 상

略相因하며 巨細畢擧하여 而凡諸說之同異得失이 亦
략상인 거세필거 이범제설지동이득실 역

得以曲暢旁通하야 而各極其趣하니 雖於道統之傳에
득이곡창방통 이각극기취 수어도통지전

不敢妄議어니와 然이나 初學之士이 或有取焉이면 則亦
불감망의 연 초학지사 혹유취언 즉역

庶乎行遠升高之一助云爾니라
서호행원승고지일조운이

자의 ㅇ支－가지 지. ㅇ絡－이을 락. ㅇ畢－마칠 필. 모두, 전부, 완전히. ㅇ曲暢－상세히 통찰함. ㅇ旁－곁 방. ㅇ妄－거짓 망, 무릇 망. ㅇ庶－바라건대 서. ㅇ爾－뿐 이.

국역 그러한 뒤에야 이 책의 취지가 가지마다 나뉘고 마디마다 풀려서 맥락이 관통하고, 상세함과 간략함이 서로 원인이 되고, 크고작은 것이 모두 들리게 되고, 무릇 모든 학설의 동이와 득실 역시 상세히 통찰하여 사방이 통하여 각기 그 취지를 다하니, 비록 도통의 전수로부터 감히 망령되이 논의할 수는 없으나 그러나 처음 배우는 선비가 혹시 거기에서 취할 것이 있다면, 역시 먼 곳에 가고, 높은 곳에 오르는 데 하나의 도움이 되기를 바랄 뿐이다.

원문 淳熙己酉春三月戊申에 新安朱熹는 序하노라
순희기유춘삼월무신 신안주희 서

자의 ㅇ淳熙－남송 효종(1189년 ; 고려 34대 명종 19년)의 연호로, 주희의 나이 60세 때임.

국역 순희 기유 춘3월 무신에 신안 주희는 서문을 짓다.

독중용법(讀中庸法)

원문 朱子曰 中庸一篇을 某妄以己意로 分其章句하니
주자왈 중용일편 모망이기의 분기장구

是書豈可以章句求哉리오 然이나 學者之於經에 未有
시서기가이장구구재 연 학자지어경 미유

不得於辭而能通其意者니라
부득어사이능통기의자

자의 ㅇ某－주자. ㅇ豈－어찌 기. ㅇ可以－할 수 있다. ㅇ之於－～에서 그것을. ㅇ未有－아직은 없다.

국역 주자가 말씀하였다. 《중용》 1편은 모(某)가 망령되이 자기 임의로 그 장구를 나누었으니, 이 책이 어찌 장구로 그 뜻을 구할 수 있으리오. 그러나 경서에서 그것을 배우는 자는 말에서 알지 못하면서 능히 그 뜻을 통달할 수 있는 자는 아직은 없다.

원문 又曰 中庸初學者未當理會니라
우왈 중용초학자미당리회

자의 ㅇ理會－알다, 이해하다.

국역 또 말씀하였다. 《중용》은 처음 배우는 자가 마땅히 이해할 수 없다.

원문 中庸之書難看하니 中間에 說鬼說神하여 都無理會
중용지서난간 중간 설귀설신 도무리회

하니 學者須是見得箇道理了라야 方可看此書將來印
학자수시견득개도리료 방가간차서장래인

證이니라
증

자의 ㅇ看－볼 간. ㅇ都－모두, 다. ㅇ須是－반드시 ~해야 한다, 대개 ~일 것이다. ㅇ箇－이 개〔此〕. ㅇ方－비로소. ㅇ印證－검증, 증명.

국역 《중용》의 책은 보기 어렵다. 중간에 귀(鬼)를 말하고 신(神)을 말하여 모두 이해할 수 없으니, 배우는 자는 반드시 이 도리를 보고 깨달아야 비로소 이 책을 보고 장차 증명할 수 있을 것이다.

원문 讀書之序는 須是且著力去看大學하고 又著力去看
독서지서 수시차착력거간대학 우착력거간

論語하고 **又著力去看孟子**하여 **看得三書了**하면 **這中**
논 어　　우 착 력 거 간 맹 자　　간 득 삼 서 료　　저 중

庸은 **半截都了**라 **不用問人**하고 **只略略恁看過**요 **不可**
용　반 절 도 료　불 용 문 인　　지 략 략 임 간 과　불 가

掉了易底하여 **却先去攻那難底**니라 **中庸**은 **多說無形**
도 료 이 저　　각 선 거 공 나 난 저　　중 용　다 설 무 형

影하여 **說下學處少**하고 **說上達處多**하니 **若且理會文**
영　　설 하 학 처 소　　설 상 달 처 다　　약 차 리 회 문

義면 **則可矣**니라
의　즉 가 의

자의 ○著－붙을 착. ○這－이 저. ○半截－절반, 반분. ○略略－대략, 대강. ○恁－이것 임. ○掉－흔들 도. ○底－밑 저, 이를 저, 그칠 저. 기초, 근원. ○那－저것 나. ○影－그늘 영. ○下學－형이하학. ○上達－형이상학.

국역 독서의 순서는 반드시 또 힘을 붙여 《대학》을 가서 보아야 하고, 또 힘을 붙여 《논어》를 가서 보아야 하고, 또 힘을 붙여 《맹자》를 가서 보아야 하는데, 세 책을 보고 깨달으면 이 《중용》은 절반은 다 완료한 것이다. 다른 사람에게 묻는 것은 쓸데없는 일이고, 단지 대강 이것을 보고 지나가야 하지만, 쉬운 기초를 흔들어 내버리고, 도리어 저 어려운 것을 먼저 공격해 가는 것은 불가한 것이다. 《중용》은 형영(形影)이 없는 것을 많이 말하여 하학처(下學

處)를 적게 말하고 상달처(上達處)를 많이 말하였으니, 만약 또 문의를 이해하면 가능할 것이다.

원문 讀書에 先須看大綱하고 又看幾多間架니 如天命
독서 선수간대강 우간기다간가 여천명
之謂性 率性之謂道 修道之謂教는 此是大綱이요 夫
지위성 솔성지위도 수도지위교 차시대강 부
婦所知所能과 與聖人不知不能處는 此類是間架라 譬
부소지소능 여성인부지불능처 차류시간가 비
人看屋에 先看他大綱하고 次看幾多間하고 間内又有
인간옥 선간타대강 차간기다간 간내우유
小間然後에 方得貫通이니라
소간연후 방득관통

자의 ㅇ幾－몇, 얼마. ㅇ間架－방의 크기. ㅇ此－이, 곧. ㅇ是－바로 시, 대저 시. ㅇ譬－비유 비. ㅇ他－그, 그이, 그 사람.

국역 독서에서 먼저 반드시 대강을 보고, 또 간가(間架)가 얼마나 많은지 보아야 하니, 예컨대 천명지위성(天命之謂性)이요, 솔성지위도(率性之謂道)요, 수도지위교(修道之謂教)는, 이것이 바로 대강이요, 부부의 아는 것, 능한 것과 더불어 성인의 알지 못하는 것, 능하지 못하는 곳, 이런 부류는 바로 간가이다. 비유컨대 사람이 집을 볼 때에 먼저 그 대강을 보고, 다음에 칸수가 얼마나 많은지 보고, 칸 안에 또 작은 칸이 있는지 본 연후에 비로소 관통할 수 있는 것이다.

원문 又曰 中庸은 自首章以下로 多對說將來하여 直是
우왈 중용 자수장이하 다대설장래 직시
整齊라 某舊讀中庸에 以爲子思做러니 又時復有箇子
정제 모구독중용 이위자사주 우시복유개자
曰字라 讀得熟後에 方見得是子思參夫子之說하여 著
왈자 독득숙후 방견득시자사참부자지설 저
爲此書로라 自是로 沈潛反覆하여 遂漸得其旨趣하여
위차서 자시 침잠반복 수점득기지취
定得今章句擺布得來直恁麽細密이로라
정득금장구파포득래직임마세밀

자의 ㅇ直-곧을 직, 바로잡을 직. 줄곧, 계속해서, 그야말로, 완전히, 실로. ㅇ整齊-단정하다, 맞추다, 가지런하다. ㅇ做-지을 주. ㅇ箇-이 개. ㅇ熟-익을 숙. ㅇ遂-이룰 수. ㅇ擺-열 파. ㅇ擺布-진열하다, 계획하다. ㅇ得來-올 수 있다. ㅇ直恁-결국 이렇게. ㅇ麽- 어조사 마.

국역 또 말씀하셨다. 《중용》은 수장부터 이하는 상대하여 장래를 말한 것이 많아 이것을 가지런히 바로잡았다. 모는 옛날에 《중용》을 읽을 적에 자사가 지었다고 여겼는데, 또

때로 반복해 '자왈'이라는 글자가 있는지라, 읽기를 익숙히 한 뒤에 바로 자사가 부자의 말씀을 참고하여 지은 것이 이 책으로 되었다고 비로소 깨달아 알게 되었다. 이로부터 침잠 반복하여 결국 그 취지를 점점 알게 되어, 깨닫기를 작정하여 지금 장구를 진열하듯이 펴서 계획을 이렇게 세밀히 세울 수 있었다.

원문 近看中庸하여 於章句文義間에 窺見聖賢述作傳授
근간중용 어장구문의간 규견성현술작전수

之意 極有條理하여 如繩貫棋局之不可亂이로라
지의 극유조리 여승관기국지불가란

자의 ㅇ窺-엿볼 규. ㅇ繩-노끈 승. ㅇ棋-바둑 기.

국역 근간에 《중용》을 보아 장구의 글뜻 사이에서 성현이 술작하고 전수한 뜻이 지극히 조리를 가져 마치 먹줄이 바둑판을 관통하는 것과 같아 어지럽힐 수 없다는 것을 엿볼 수 있었다.

원문 中庸은 當作六大節看이니 首章이 是一節이니 說中
중용 당작육대절간 수장 시일절 설중

和하고 自君子中庸以下十章이 是一節이니 說中庸君
화 자군자중용이하십장 시일절 설중용군

子之道하고 費而隱以下八章이 是一節이니 說費隱하고
자지도 비이은이하팔장 시일절 설비은

哀公問政以下七章이 是一節이니 說誠하고 大哉聖人
애공문정이하칠장 시일절 설성 대재성인

之道以下六章이 是一節이니 說大德小德하고 末章이
지도이하육장 시일절 설대덕소덕 말장

是一節이니 復申首章之義하니라
시일절 복신수장지의

자의 ㅇ費－쓸 비. ㅇ隱－숨을 은. ㅇ申－이야기할 신.

국역 《중용》은 마땅히 6개의 대절로 만들어 볼 것이니, 수장이 바로 1절이니, 중화(中和)를 말하였다. '군자중용'부터 이하 10개장이 바로 1절이니 《중용》은 군자의 도임을 말하였다. '비이은' 이하 8개장이 바로 1절이니 비은(費隱)을 말하였다. 애공문정 이하 7개장이 바로 1절이니 성(誠)을 말하였다. 대재성인지도 이하의 6개장이 바로 1절이니 대덕 소덕을 말하였다. 끝장이 바로 1개장이니 수장의 뜻을 다시 이야기하였다.

원문 問中庸大學之別한대 曰如讀中庸求義理는 只是致
문중용대학지별 왈여독중용구의리 지시치

知功夫요 如謹獨修省은 亦只是誠意니라
지공부 여근독수성 역지시성의

자의 ㅇ謹－삼갈 근. ㅇ省－살필 성.

국역 《중용》과 《대학》의 차별을 묻기에 다음과 같이 말씀하였다. 예컨대 《중용》을 읽어 의리를 구하는 것은 단지 바로 《대학》의 ‘지치’의 공부요, 예컨대 《중용》의 ‘근독수성’은 역시 단지 바로 《대학》의 ‘성의’이다.

원문 問只是中庸은 直說到聖而不可知處로소이다 曰如
문지시중용 직설도성이불가지처 왈여

大學裡也에 有如前王不忘은 便是篤恭而天下平底事
대학리야 유여전왕불망 편시독공이천하평저사

니라

자의 ㅇ直－줄곧, 계속하여. ㅇ處－곳, 일. ㅇ裡－안 리, 속 리. ㅇ有如－마치 ~와 같다, ~와 비슷하다. ㅇ便－곧 편. 이미, 바로, 곧. ㅇ篤－돈독할 돈. ㅇ底－밑 저, 바닥 저. 기초, 근원.

국역 단지 이 《중용》은 곧 성인에 도달하는 알 수 없는 일을 말한 것입니까? 라고 묻기에 다음과 같이 말씀하였다. 예컨대 《대학》 속의 ‘전왕불망’은 마치 곧 이 《중용》의 독실히 공경하면 천하 평화의 기초사업과 같은 것이다.

중용장구[1](中庸章句)

제1장 중용의 체요

1-1. 하늘이 품부한 대로 타고난 것을 천성이라 하는 것이요

원문 天命之謂性이요 率性之謂道요 脩道之謂教니라
천명지위성 솔성지위도 수도지위교

자의 ㅇ天-상제(上帝), 조물주, 하나님. ㅇ命-품부(稟賦), 즉 천품. ㅇ天命-하늘 자신의 품질(稟質)의 실현. ㅇ性-만물이 타고난 그대로의 성향. ㅇ道-타고난 그대로에 따르는 것.

국역 만물의 주재자인 천(天)이 품부(稟賦)한대로 타고난 것을 천성(天性)이라 하는 것이요, 타고난 천성에 따라 그대로 성장 소멸하는 것을 도(道)라 하는 것이요, 천성을 발현하여 실천할 때에 준수할 도리를 닦고 익히는 것을 교(敎)라 하는 것이다.[2]

주해 1) 中者, 不偏不倚無過不及之名, 庸平常也.(중이란 것은 편벽되

지 않고 의지하지 않아도 초과나 불급이 없는 것의 이름이며, 용이란 항상 평소와 같은 것이다.)

子程子曰 : 不偏之謂中, 不易之謂庸, 中者天下之正道, 庸者天下之定理.(정자께서 말씀하였다. 편벽되지 않음을 중이라 이르고, 바뀌지 않음을 용이라 이르니, 중은 천하의 정도요, 용은 천하의 정리이다.)

此篇, 乃孔門傳授心法, 子思恐其久而差也.(이 편은 이에 공문[孔門]에서 전수하는 심법인데 자사가 그것이 오래되어 차이가 생길까 두렵게 여겼다.)

故筆之於書以授孟子, 其書始言一理, 中散爲萬事, 末複合爲一理, 放之則彌六合, 卷之則退藏於密, 其味無窮, 皆實學也. 善讀者, 玩索而有得焉, 則終身用之, 有不能盡者矣.(그러므로 맹자에게 전수하기 위하여 책으로 썼다. 그 책이 처음에는 일리[一理]를 말하였고, 중간에는 흩어져 만사가 되었고, 끝에는 다시 합해져 일리가 되었으니, 그것을 풀어놓으면 6합에 뻗치고, 말아들이면 은밀함에 퇴장하여 그 맛이 무궁하니 모두 진실로 학문이다. 잘 읽는 자가 완미하고 검색하여 거기서 얻게 된 것은 종신토록 그것을 써도 능히 다하지 못함이 있을 것이다.)

2) 命, 猶令也.(명은 명령과 같다.)

性, 卽理也.(성은 곧 이이다.)

天以陰陽五行, 化生萬物, 氣以成形而理亦賦焉, 猶命令也.(하늘이 음양오행으로써 만물을 화생함에 기로써 형상을 이루고, 이성을 역시 부여하니 명령하는 것과 같다.)

於是, 人物之生, 因各得其所賦之理, 以爲健順五常之德, 所謂性也.(이로부터 사람과 만물이 날 때에, 각기 부여된 이성을 얻은 것으로부터, 건순[陰陽]과 오상[仁義禮智信]의 덕으로 여기니, 이른바 성품이라 한다.)

率, 循也.(솔은 따르는 것이다.)

道, 猶路也.(도는 길과 같다.)

人物, 各循其性之自然, 則其日用事物之間, 莫不各有當行之路, 是則所謂道也.(사람과 만물은 각기 성품이 자연을 따르면 아마 날마다 쓰는 물건 사이에도 각기 마땅히 행하는 길이 있지 않음이 없으니, 이것이 곧 이른바 도[道]인 것이다.)

脩, 品節之也.(수는 품급[品級]과 제한[制限]의 수련을 말한다.)

性道雖同, 而氣稟或異, 故不能無過不及之差.(성과 도는 비록 같으나 기품이 혹시 다르기 때문에 능히 초과와 불급의 차이가 없지 않다.)

聖人因人物之所當行者, 而品節之, 以爲法於天下, 則謂之敎, 若禮樂刑政之屬是也.(성인은 사람과 만물이 마땅히 행할 바에 의거하여 그것을 품절하여 천하에서 법으로 여기게 하니, 이른바 교[敎]인 것이다. 마치 예·악·형·정의 등속이 이것이다.)

蓋人, 知己之有性, 而不知其出於天, 知事之有道, 而不知其由於性, 知聖人之有敎, 而不知其因吾知之所固有者, 裁之也.(대개 사람은 자기 몸에 성품이 있는 것을 알지만, 그것이 하늘에서 나온 것임을 알지 못하고, 만사에 도가 있음을 알지만 그것이 성품에서 경유한 것임을 알지 못하고, 성인의 가르침이 있는 것은 알지만 그것이 나의 고유한 바에 따라 그것을 제재한다는 것임을 알지 못한다.)

故, 子思於此, 首發明之, 而董子所謂道之大原出於天, 亦此意也.(그러므로 자사는 이것에서 먼저 그것을 발명한 것이니, 동자[董仲舒]의 이른바 '도의 큰 근원이 하늘에서 나왔다'는 것 역시 이런 의미이다.)

해설 자사(子思)가 이 《중용》을 지을 무렵, 인간은 하늘을 신앙의 대상으로 여겼다. 그래서 하늘은 곧 혹사(或使), 즉 누군가가 그렇게 하도록 시키는 존재이며, 그것에 의해 타고난 것이 천성(天性)이며, 그 천성을 그대로 따르고 지켜가는 것이 도덕(道德)이며, 그 도덕을 끊임없이 닦고 수리하는 것이 교육(教育)이라는 것이다.

즉 하늘로부터 받은 인간의 본성은 선하지만 그 선한 본성이 자각하여 일정한 궤도를 따라 나아가게끔 마땅히 도덕을 학습해야 한다는 것이다. 중용다운 발전적 사고이다.

1-2. 도라는 것은 잠시도 떨어질 수 없는 것이니

원문 道也者는 不可須臾離也니 可離면 非道也라 是故로 君子는 戒愼乎其所不睹하며 恐懼乎其所不聞이니라
(도야자 불가수유리야 가리 비도야 시고 군자 계신호기소부도 공구호기소불문)

자의 ㅇ須－잠깐 수. ㅇ臾－잠깐 유. ㅇ離－떨어질 리. ㅇ是故－그러므로. ㅇ戒愼－조심하다, 삼가다. ㅇ睹－볼 도. ㅇ恐懼－공포, 두려워하다.

국역 도(道)라는 것은 잠시도 떨어질 수 없는 것이니, 떨어질 수 있는 것이면 도가 아니다. 그러므로 군자는 그 보이지 않는 것[곳]에서도 경계하고 삼가며, 그 들리지 않는 것에서도 두려워한다.[3)]

주해 3) 道者, 日用事物當行之理, 皆性之德而具於心, 無物不有, 無時不然, 所以不可須臾離也.(도라는 것은 사물을 날마다 사용함에 마땅히 준행하는 이치이다. 모두 천성의 덕이 마음속에 구현되어 있는데, 있지 않은 물건이 없고, 그렇지 않은 때가 없다. 그러니까

잠깐이라도 분리될 수 없는 것이다.)
若其可離, 則豈率性之謂哉. 是以君子之心, 常存敬畏, 雖不見聞, 亦不敢忽, 所以存天理之本然, 而不使離於須臾之頃也.(만일 그것이 분리될 수 있으면, 어찌 그것이 성품을 통솔한다고 하겠는가? 그러므로 군자의 마음은 항상 존경과 두려움으로 보존하고, 비록 보이거나 들리지 않아도 역시 감히 소홀히 하지 않는다. 그러니까 천리의 본래의 상태로 보존하며 잠깐 동안이라도 떨어지게 하여서는 아니되는 것이다.)

해설 신독(愼獨)사상을 말하고 있다. 도에서 잠시라도 떠날 수 없는 삶을 지향해야 하고 그런 삶은 남의 눈이나 귀에 구애되는 것이 아니니 신독으로 자기를 닦는 일이어야 한다. 가령 자동차가 잠시라도 차로를 벗어날 수 없듯이, 사람이면 인간의 도리를 잠시라도 벗어날 수 없다. 만약 이탈하면 그 순간부터 그것은 곧 금수와 같아지게 되기 때문이다.

1-3. 숨은 것보다 드러나는 것은 없으며

원문 莫見乎隱이며 莫顯乎微니 故로 君子는 愼其獨也니라
(막현호은 막현호미 고 군자 신기독야)

자의 ㅇ莫－말 막. ㅇ見－드러날 현. ㅇ隱－숨을 은. ㅇ顯－나타날 현. ㅇ微－가늘 미. ㅇ愼－삼갈 신. ㅇ獨－홀로 독.

국역 숨어 있는 것보다 드러나는 것은 없으며, 은미한 것보다 나타나는 것은 없으니, 그러므로 군자는 그가 홀로 있을 때에 삼가는 것이다.4)

주해 4) 隱, 暗處也. 微, 細事也. 獨者, 人所不知, 而己所獨知之地也.(은은 어두운 곳이다. 미란 작은 일이다. 독이란 남은 알지 못하는 곳이지만 자기는 홀로 아는 곳이다.)

言幽暗之中, 細微之事, 跡雖未形, 而幾則已動, 人雖不知, 而己獨知之, 則是天下之事, 無有著見明顯而過於此者.(말하자면 그윽하고 어두운 가운데 작은 일은, 흔적이 비록 형성되지 않았으나 기미[機微]는 이미 동하였으니, 남이 비록 알지 못하나 자기는 홀로 그것을 알았으니, 바로 천하의 일이 드러나 보이고, 환히 나타나도 이에서 지나치는 것은 없다.)

是以, 君子旣常戒懼, 而於此, 尤加謹焉. 所以遏人欲於將萌, 而不使其潛滋暗長於隱微之中, 以至離道之遠也.(그러므로 군자는 이미 항상 경계하고 두려워하며, 이로부터 더욱 삼가기를 더한다. 그러니까 사람의 욕심이 장차 싹틀 때에 막아서 그것이 은미한 가운데서, 부지불식간에 싹이 터서 도리를 이탈하여 멀리까지 이르지 않도록 해야 하는 것이다.)

해설 장인(匠人)정신은 무엇일까? 근무시간 동안 일을 대강 해버리는 것이 아니라, 보이지 않는 데서도, 밤을 새워서라도 일을 완벽하게 해내는 자세라 할 것이다. 이것이 바로 신독사상일 것이다. 보이는 것, 분명한 것, 들리는 것에만 인도(人道)가 있는 것이 아니고, 또 세계를 다 볼 수 있는 것도 아니다.

1-4. 희노애락이 아직 발동하지 않은 상태는

(원문) 喜怒哀樂之未發을 謂之中이요 發而皆中節을 謂
희노애락지미발 위지중 발이개중절 위

之和니 中也者는 天下之大本也요 和也者는 天下之
지화 중야자 천하지대본야 화야자 천하지

達道也니라
달도야

(자의) ㅇ喜-기쁠 희. ㅇ怒-성낼 노. ㅇ哀-슬플 애. ㅇ樂-즐거울 락. ㅇ未-아직. ㅇ中節-중(中)은 적중(的中), 적의(的宜). 절(節)은 절도(節度), 절차, 절목(節目), 타이밍.

(국역) 기쁘고 화내고 슬프고 즐거움이 아직 발동하지 않은 상태는 이른바 중(中)이요, 발동하되 모두 절도에 적중한 상태는 이른바 화(和)이니, 중이란 것은 천하의 위대한 근본이요, 화(和)란 것은 천하의 사통팔달의 길인 것이다.[5)]

(주해) 5) 喜怒哀樂, 情也. 其未發, 則性也. 無所偏倚, 故謂之中. 發皆中節, 情之正也, 無所乖戾, 故謂之和.(기쁨·성냄·슬픔·즐거움은 정인데, 그것이 발동되지 않는 상태이면 성품이다. 편벽하고 의지하는 바가 없다. 그러므로 중이라 이른다. 발동하되 모두 중절이면 정이 바른 것이니, 도리에 맞지 않는 바가 없다. 그러므로 소위 화이다.)

大本者, 天命之性, 天下之理, 皆由此出, 道之體也.(위대한 근본은 천[天]이 품부한 천성이니, 천하의 이치가 모두 이것으로부터 나오니, 도의 본체이다.)

達道者, 循性之謂, 天下古今之所共由, 道之用也.(달도라는 것은 천성을 따르는 것을 이르니, 천하고금이 함께 따르는 것이니, 도의 활용이다.)

此言性情之德, 以明道不可離之意.(이것은 성정의 덕을 말한 것이고, 도를 떠날 수 없는 뜻을 밝힌 것으로 생각한다.)

해설 인간이 나타내는 모든 감정은 애노(哀怒)와 희락(喜樂)으로 요약할 수 있다. 이런 감정이 아직 발현되기 이전의 상태, 즉 어린애의 마음[赤子之心]과 같은 상태를 중(中)이라 한다. 중은 인간이면 누구나 다 가지고 있는 뿌리이지만, 그 뿌리에서 나오는 감정을 어떻게 관리하면 상황에 맞는 과불급(過不及)이 없는 조화로운 인간으로 될 수 있느냐가 문제이다.

이 문제의 해답이 곧 교육이며, 조화를 위한 교육은 끊임없이 닦아서 달성해야 할 도리라는 것이다. 즉 타이밍을 아는 것, 타이밍에 적중하는 교육·훈련이라 할 수도 있을 것이다. 이처럼 인간의 문제를 애노·희락의 문제로 보고, 그 조절을 위한 노력에 착안하여 그 방식을 제시한 데 《중용》의 위대함이 있다 할 것이다.

1-5. 중과 화의 덕을 지극히 하면

원문 致中和면 天地位焉하며 萬物育焉이니라
치중화 천지위언 만물육언

자의 ㅇ致－이를 치, 다할 치. ㅇ焉－어차(於此).

국역 중과 화의 덕을 지극히 하면 천지는 그 장소가 바르고 편안하며 만물은 각기 생명을 이룰 것이다.[6) 7)]

주해 6) 致, 推而極之也. 位者, 安其所也. 育者, 遂其生也.(치[致]는 미루어 그것을 지극히 하는 것이다. 위[位]라는 것은 그 곳에 붙이는 것이요, 육[育]이란 것은 그 생명을 완수하는 것이다.)

自戒懼而約之, 以至於至靜之中無所偏倚而其守不失, 則極其中而天地位矣.(경계하고 두려워함과 그것을 요약한 것으로부터 지극히 고요한 가운데서 편벽하고 기울어지는 바가 없는 것에 이르기까지 중심을 상실하지 않고 그것이 준수되면, 그 중이 절정에 이르면 천지는 본래 위치일 것이다.)

自謹獨而精之, 以至於應物之處無少差謬而無適不然, 則極其和而萬物育矣.(근독과 그것을 정수[精粹]한 것으로부터 사물에 상응하는 것에서 약간의 착오와 오류도 없는 데 이르기까지 가는 곳마다 그렇지 아니한 것이 없으면, 그 화가 절정에 이르면 만물은 생육될 것이다.)

蓋天地萬物, 本吾一體. 吾之心正, 則天地之心亦正矣. 吾之氣順, 則天地之氣亦順矣.(대개 천지와 만물은 본래 나와 일체라. 나의 본심이 바르면 천지의 중심 역시 바르고, 나의 기운이 순하면 천지의 기운 역시 순하다.)

故, 其效驗, 至於如此, 此, 學問之極功, 聖人之能事, 初非有待於外, 而修道之教亦在其中矣.(그러므로 그 효험은 이러함에 이르니, 이것은 학문의 지극한 공덕이요, 성인의 능사인데, 애초부터 외부로부터 기대된 것이 아니고, 도를 닦고 익히는 교, 역시 그 속에 있는 것이다.)

是其一體一用, 雖有動靜之殊, 然, 必其體立而後用有以行, 則其實, 亦非有兩事也.(바로 그것이 오직 본체요 오직 활용이니, 비록 동정에 다름이 있지만, 그러나 반드시 그 본체가 수립된 뒤에야 활용이 실행될 수 있다면, 그 실상은 역시 두 일이 따로 있는 것이 아니다.)

故, 於此, 合而言之, 以結上文之意.(그러므로 여기서 그것을 합하여 말하여, 윗글의 뜻을 맺은 것으로 생각한다.)

7) 右, 第一章.(우[위]는 제1장이다.)

子思述所傳之意以立言.(자사가 후세에 훌륭한 말씀을 남기기[立言] 위하여 전수한 바의 뜻을 기술한 것이다.)

首明道之本原出於天而不可易, 其實體備於己而不可離.(맨 먼저 도[道]의 본원이 하늘에서 나와 바뀔 수 없음과 그 실체가 자기로부터 구비되어 떠날 수 없음을 밝혔다.)

次言存養省察之要.(다음에 존양성찰의 요긴함을 말하였다.)

終言聖神功化之極.(마지막으로 성신의 공로와 조화의 지극한 것을 말하였다.)

蓋欲學者於此, 反求諸身而自得之, 以去夫外誘之私而充其本然之善.(대개 배우는 자가 여기서 하고자 할 것은, 도리어 자기에서 그것을 구하여 스스로 터득하고, 대저 외부에서 유혹하는 사사로움을 제거하고 그 본연의 선에 충실하여야 한다고 생각한다.)

楊氏所謂一篇之體要是也.(양씨의 이른바 1편은 체요라는 것이 이것이다.)

其下十章, 蓋子思引夫子之言, 以終此章之義.(그 아래 10장은 대개 자사가 공자의 말씀을 인용하여 이 장의 뜻을 마친 것이라 생각한다.)

해설 사람이 그 감정에 빠지지 않고 정서에 이끌리지 않는 중(中)과 화(和)에 이르게 되면, 하늘과 땅이 각기 제자리에서 만물을 생육해 내는 덕에 합치하게 되어 인간 또한 그 속에서 번영할 수 있을 것이나, 인간이 감정관리를 잘못하여 조화가 파괴되면 그 중심이 천지의 위치로부터 이탈하니 존재할 수 없어 파멸된다는 것이다.

모든 일에서 성패는 균형과 타이밍에 관계가 있고, 그것은 적중능력의 품질에 좌우될 것이니, 적중하면 만사의 주도권을 잡아 나아갈 것이니, 천지와 더불어 번영할 수 있다는 말씀일 것이다.

제2장 중용은 군자의 도

2-1. 중니왈. 군자는 중용을 행하고

원문 仲尼曰 君子는 中庸이오 小人은 反中庸이니라
중니왈 군자 중용 소인 반중용

자의 ㅇ仲－버금 중. ㅇ尼－여승 니. ㅇ仲尼－공자(B.C. 552~B.C. 479)의 자(字). 이름은 구(丘), 시호는 대성지성문선왕(大成至聖文宣王)임.

국역 중니께서 말씀하셨다. 군자는 중용을 행하고 소인은

중용에 반대로 한다.[8)]

주해 8) 中庸者, 不偏不倚無過不及而平常之理, 乃天命所當然精微之極致也.(중용이란 것은 편벽되지 않고 기대지 않고 초과와 불급이 없어 평형한 상태가 항상 하는 이치이니, 이에 천명의 당연한 바이오, 정미의 극치이다.)
唯君子爲能體之, 小人反是.(오직 군자는 능히 그것을 체득하여 행하는데, 소인은 이와 반대로 한다.)

해설 공자는 군자와 소인이라는 두 그룹이 중용에 대해 가지는 태도를 비교하여 설명하고 있다. 두 그룹 사람들의 근기(根氣)는 서로 다르다. 소인은 중화의 도리를 꾸준히 실천할 근기가 없기 때문이다. 마음을 중화에 두어 살아가니 그를 군자라 하게 되고, 중용이 무엇인지도 모르고 애노와 희락에 묻혀 살아가니 그를 소인이라 할 수밖에 없는 것이다.

2-2. 군자의 중용은

원문 君子之中庸也는 君子而時中이요 小人之中庸也는
군자지중용야 군자이시중 소인지중용야

小人而無忌憚也니라
소인이무기탄야

자의 ㅇ時中－어떤 상황, 즉 시간, 장소, 지위에 꼭 알맞는 적중.
ㅇ忌－꺼릴 기. ㅇ憚－꺼릴 탄.

국역 군자의 중용이란, 군자가 수시(隨時 : 時, 所, 位)로 적중되게 행하는 것이요, 소인의 중용이란, 소인이 이익을 좇아 기탄없이 행하는 것이다.9) 10)

주해 9) 王肅本, 作小人之反中庸也, 程子亦以爲然, 今從之.(왕숙의 본에 소인은 반중용이라 되어 있거늘, 정자도 역시 그렇다고 여겼는데 지금 그것에 따른다.)
君子之所以爲中庸者, 以其有君子之德, 而又能隨時以處中也.(군자가 중용을 하는 까닭은 그것이 군자의 덕을 가지고 있기 때문이며, 또 능히 수시로 중에 처할 수 있기 때문이다.)
小人之所以反中庸者, 以其有小人之心, 而又無所忌憚也.(소인이 중용에 반대로 하는 까닭은 그것이 소인의 마음을 가지고 있기 때문이며, 또 꺼릴 바가 없기 때문이다.)
蓋中無定體, 隨時而在, 是乃平常之理也.(대개 중용은 일정한 본체가 없고, 수시로 존재하는데, 이것이 바로 평상의 도리이다.)
君子, 知其在我. 故能戒謹不睹, 恐懼不聞, 而無時不中. 小人, 不知有此, 則肆欲妄行而無所忌憚矣.(군자는 그것이 자기에게 있음을 안다. 그러므로 능히 남이 보지 않아도 경계하고 삼가며, 듣지 않아도 공구하여 중에 있지 않는 때가 없다. 소인은 그런 것을 알지 못하니, 제멋대로 욕심을 부려 망령되이 행하고 꺼리는 바가 없는 것이다.)

10) 右, 第二章. 此下十章, 皆論中庸, 以釋首章之義, 文雖不屬, 而意實相承也.(우[위]는 제2장이다. 이 아래 10개장은 모두 중용을 논한 것으로, 수장의 뜻을 해석한 것이라 생각한다. 문장은 비록 연속하지 않으나 뜻은 서로 이어진다.)
變和言庸者, 游氏曰 : 以性情言之, 則曰中和. 以德行言之, 則曰中庸, 是也.(화[和]를 바꾸어 용[庸]이라 말하는 것에 대해 유씨[游酢]는 다음과 같이 말하였다. 성정으로써 그것을 말하면 중화라

하고, 덕성으로써 그것을 말하면 중용이라 하는데, 그 말이 옳다.)
然, 中庸之中, 實兼中和之義.(그러나 중용의 중에는 실제 중화의 뜻이 겸해져 있는 것이다.)

해설 군자가 실천하는 중용은 어떤 시간, 장소, 지위에서든 항상 지루할만큼 꾸준히 중용의 도를 행하는 것인데, 소인의 그것은 시간성이나 상황성을 고려하지 않고 중용만에 급급하여, 아무 거리낌없이 마구 행하는 것에서 둘은 다르다. 그래서 소인의 중용은 오히려 중용의 반대로 되어버리는 것이다. 군자가 중용의 도를 준수하고자 하는 까닭은 천부적 이성이 자기에게 있다는 것을 알고 있기 때문이고, 소인이 그렇지 못한 까닭은 중용의 본체가 자기에게 있음을 알지 못하기 때문일 것이다.

제3장 중용은 지극한 도

3-1. 자왈. 중용은 아마 지극히 평상적 선도일 거야

원문 **子曰 中庸**은 **其至矣乎**인저 **民鮮能**이 **久矣**니라
자왈 중용 기지의호 민선능 구의

자의 ㅇ至-이를 지. 최고의 진리, 《대학》의 지선. ㅇ鮮-드물 선.

국역 공자께서 말씀하셨다. 중용은 아마 지극히 평상적 선도일 거야! 백성들이 능히 알고 능히 행하는 이가 드문

지 오래되었구나![11) 12)]

주해 11) 過則失中, 不及則未至.(초과하면 중을 잃고, 불급이면 미치지 못한다.)

故, 惟中庸之德, 爲至. 然, 亦人所同得, 初無難事, 但世敎衰, 民不興行.(그러므로 오직 중용의 덕은 지선[至善]으로 된다. 그런데 역시 사람들이 똑같이 이룰 수 있어서 애초에는 어려운 일이 아니었다. 다만 세상의 교화가 쇠퇴하여 백성들이 흥겹게 행하지 않았다.)

故, 鮮能之今已久矣. 論語, 無能字.(그러므로 능한 이가 드문 지가 지금은 이미 오래된 것이다. 《논어》[〈옹야편〉 6-27]에는 능[能]자가 없다.)

12) 右, 第三章.(우[위]는 제3장이다.)

해설 이 내용은 《논어》〈옹야편〉 6-27의 '자왈(子曰), 중용지위덕야(中庸之爲德也) 기지의호(其至矣乎)인저. 민선(民鮮)이 구의(久矣)니라'와 같은데 《중용》에는 민선(民鮮) 다음에 '능(能)'자가 더 있을 따름이다. 어떻든 중용은 아주 평범한 것이다. 그것을 행함에 전문 지식이나 기술이나 무슨 허가나 자격이 필요한 것이 아니다. 문제는 이성을 본위로 한 그의 평상성과 상황에 적중(的中)하게 행하는 지속성일 것이다. 이것을 극복하여 행하는 자는 바로 중용의 덕을 이루는 자일 것이다.

제4장 중용은 일상의 도

4-1. 자왈. 중용의 도가 행해지지 못함을

원문 子曰 道之不行也를 我知之矣로라 知者는 過之하
자왈 도지불행야 아지지의 지자 과지

고 愚者는 不及也니라 道之不明也를 我知之矣로라 賢
우자 불급야 도지불명야 아지지의 현

者는 過之하고 不肖者는 不及也니라
자 과지 불초자 불급야

자의 ㅇ肖－닮을 초. ㅇ不肖者－아버지를 닮지 못한 부족한 자식의 뜻.

국역 공자께서 말씀하셨다. 중용의 도가 행해지지 못함을 내가 알고 있노라. 지혜로운 자는 그것을 지나쳐 버리며, 어리석은 자는 그것에 미치지 못하니라. 중용의 도가 밝지 못함을 내가 알고 있노라. 어진 자는 그것을 지나쳐 버리고 못난 자는 그것에 미치지 못하니라.[13]

주해 13) 道者, 天理之當然, 中而已矣.(도는 천리의 당연함이니, 중일 뿐이다.)
知愚賢不肖之過不及, 則生稟之異而失其中也.(지〔知〕 우〔愚〕 현〔賢〕 불초〔不肖〕의 초과와 불급은, 곧 타고난 천품이 상이한 것이며, 그 중을 잃은 것이다.)

知者, 知之過, 旣以道爲不足行, 愚者, 不及知, 又不知所以行, 此道之所以常不行也.(지자는 앎이 지나쳐 이미 도를 가지고 충분히 행할 것이 없다고 하고, 우자는 앎이 미치지 못하고 또 행하려고 생각한 것도 알지 못하니, 이것이 도가 항상 행해지지 못하는 까닭이다.)

賢者, 行之過, 旣以道爲不足知, 不肖者, 不及行, 又不求所以知, 此道之所以常不明也.(현자는 행하는 것이 지나쳐, 이미 도를 가지고 충분히 알 것이 없다고 하고, 불초자는 행에 미치지 못하고 또 알려고 생각한 바도 찾지 않으니, 이것이 도가 항상 밝아지지 못하는 까닭이다.)

해설 공자께서는 변문체(騈文體)를 써서 선도가 유행하지 못하는 이유를 지적하고 있다. 선도가 행해지지 못하고, 밝지 못하는 까닭이 바로 지자와 우자, 현자와 불초자의 초과하는 경향과 미달하는 경향에 있다고 대비하여 설명한 것이다.

4-2. 사람이 먹고 마시지 않는 이가 없건만은

원문 人莫不飮食也언마는 鮮能知味也니라
인 막 불 음 식 야　　　선 능 지 미 야

자의 ㅇ鮮－적을 선. ㅇ味－맛볼 미(중용의 원리).

국역 사람이 먹고 마시지 않는 이가 없건만은 능히 맛을 아는 이는 드물다.[14) 15)]

주해 14) 道不可離, 人自不察. 是以, 有過不及之弊.(도는 떨어질 수

없는데, 사람들이 스스로 살펴서 알지 못한다. 그러므로 초과와 불급의 폐단이 있는 것이다.)

15) 右, 第四章.(우[위]는 제4장이다.)

해설 사람으로서 먹고 마시지 아니하는 이가 없건마는 그 참맛을 아는 이가 드물다. 도(道)라는 것 역시 음식의 참맛과 같은 것인데, 도의 참맛을 모르고 도를 하려니까 도를 초과하거나 도에 미달하는 사태가 생긴다는 것이다. 중용의 도가 이렇게 간단하고 쉬운데도 그것이 잘 되지 아니하는 까닭은 사람들이 중용을 중시하지 않기 때문인 것이다. 유사한 말이 《대학》의 정심편에도 있다. 즉 마음이 없으면 보아도 보이지 않으며, 들어도 들리지 않으며, 먹어도 그 맛을 알지 못한다[心不在焉, 視而不見, 聽而不聞, 食而不知其味.].

제5장 행도의 단서(行道端緖)

5-1. 자왈. 중용의 도가 아마

원문 子曰 道其不行矣夫인저
자왈 도기불행의부

자의 ㅇ夫-지아비 부. 대체, 무릇, ~구려, ~구나(문장의 중간 또는 끝에 놓여 감탄의 뜻을 나타냄).

국역 공자께서 말씀하셨다. 중용의 도가 아마 그것이 행해지지 못하겠구나![16) 17)]

주해 16) 由不明, 故不行.(분명하게 알지 못하기 때문에, 그러므로 실행되지 못하는 것이다.)

17) 右, 第五章. 此章, 承上章而擧其不行之端, 以起下章之意.(우[위]는 제5장이다. 이 장은 윗장에 이은 것이며, 그 실행되지 못하는 단서를 들어서 아랫장의 뜻을 일으킨 것으로 생각한다.)

해설 주자는 이 5장이 위의 4장과 다음의 6장을 연결하는 역할을 한다고 본다. '도가 행해지지 못하는 이유를 나는 안다. 이것으로 보아 앞으로도 도가 상당히 오랫동안 행해지지 못하겠구나!'라고 공자께서 반복하여 개탄한 것이다. 중용의 평범함, 그것이 바로 장애이며 앞으로도 전망이 밝지 않다는 것이다.

제6장 대지(大智)

6-1. 자왈. 순임금은 아마

원문 子曰 舜은 其大知也與신저 舜이 好問而好察邇言
자왈 순 기대지야여 순 호문이호찰이언

하시되 隱惡而揚善하시며 執其兩端하사 用其中於民하시
은악이양선 집기양단 용기중어민

니 其斯以爲舜乎인져
기 사 이 위 순 호

자의 ㅇ舜－요임금의 선양을 받은 고대 성군(B.C. 2246~B.C. 2204). ㅇ與－그럴가 여(歟). 감탄사. ㅇ邇言－천근한 말, 우리 주변의 일상생활에서 일어나는 하민들의 말. ㅇ惡－나쁠 악, 미워할 오, 어찌 오. ㅇ用－시행. ㅇ斯－순임금이 행한 것을 가리키는 대명사.

국역 공자께서 말씀하셨다. 순임금은 아마 위대한 지혜를 가지신 분인가 보다. 순임금은 하문(下問)하기를 좋아하셨고, 천근(淺近)한 말을 살피기를 좋아하셨고, 나쁜 점은 숨겨주고 좋은 점은 드러나게 해주셨으며, 그 양단을 꽉 잡고, 백성들에게 그 중용의 도를 사용하셨으니, 아마 그것이 이〔斯〕 순을 순임금 되게 한 것일 거야![18) 19)]

주해 18) 舜之所以爲大知者, 以其不自用而取諸人也.(순임금이 큰 지혜자로 된 까닭은 그가 자기 지혜를 쓰지 않고 남의 지혜를 취하였기 때문이라 생각한다.)

邇言者, 淺近之言, 猶必察焉, 其無遺善, 可知.(이언은 천근한 말인데도 오히려 반드시 그것을 살피시니, 그가 선을 버린 것이 없음을 알 수 있다.)

然, 於其言之未善者, 則隱而不宣, 其善者, 則播而不匿, 其廣大光明, 又如此, 則人孰不樂告以善哉.(그러나 거기에서도, 말의 선하지 못한 것은 숨겨주어 선양하지 않고, 그것이 선한 것은 전파하여 숨기지 않으니, 그의 넓고 큰 광명이 또 이와 같았으니, 사람들이 누가 선을 가지고 고하기를 즐겁게 여기지 않겠는가?)

兩端, 謂衆論不同之極致.(양단은 중론이 동일하지 않음의 극치를 이른다.)

蓋凡物, 皆有兩端, 如小大厚薄之類.(대개 무릇 사물은 모두 양단을 가지는데, 가령 소, 대, 후, 박의 부류이다.)

於善之中, 又執其兩端而量度以取中然後, 用之, 則其擇之審而行之至矣.(선에서 중은, 또 그 양단을 잡고, 그 중을 취하기 위하여 정도를 헤아린 연후에 그것을 사용하면 그 선택이 세밀하고, 실행이 지극할 것이다.)

然, 非在我之權度精切不差, 何以與此.(그러나 나의 저울과 자가 꼭[非] 적절하고 어긋나지 않음에 달려있다면[在], 어떻게 이것에 참여할 수 있겠는가?)

此知之所以無過不及而道之所以行也.(이것을 아는 것이 초과와 불급을 없게 하는 것이며, 도가 실행되게 하는 것이다.)

19) 右, 第六章.(우[위]는 제6장이다.)

해설 공자는 순을 이상적 덕목을 구현한 하나의 전형(典型)으로써 존경한다. 또 순은 위대한 지성이라 여긴다. 묻기를 좋아하고, 천근한 말까지 살피기를 좋아하였기 때문에 그렇다는 것이다. 또 남이 미워할 수 있는 바를 숨겨주고 아름다운 측면을 드러내 준다. 그리고서 그 양쪽까지 포괄하여 중용지도를 백성들에게 적용한 임금이라 여기며, 그것이 바로 순이 순다운 면모라는 것이다. 여기서 우리는 중용이 양단의 단순한 중간이나 양편의 중립 또는 회색지대 같은 것이 아니라는 사실에 주목해야 한다.

집기양단(執其兩端)이라는 말은 《논어》〈자한(子罕)편〉 9-7에도 나온다. 순임금이 큰 지혜자로 된 까닭이 자신의 지혜를 쓰지 않고 대중의 지혜를 취하였기 때문이라는 것에 착안할 때, 지금의 지도자에게도 크나큰 시사점이 될 듯싶다. 힘써 다스릴 사항들이 이미 그 속에 제시되어 있으니 치자(治者)는 그것들을 들어서 가장 효율적으로 처결하기만 하면 되기 때문이다.

第7장 지(知)와 중용

7-1. 자왈. 사람들이 모두 다 말하기를

원문 子曰 人皆曰予知로되 驅而納諸罟擭陷阱之中而
자왈 인개왈여지 구이납저고확함정지중이
莫之知辟也하며 人皆曰予知로되 擇乎中庸而不能期
막지지피야 인개왈여지 택호중용이불능기
月守也니라
월수야

자의 ㅇ驅－몰 구. ㅇ納－넣을 납. ㅇ諸－지어(之於). ㅇ罟－고기나 새를 잡는 그물 고. ㅇ擭－덫 확. ㅇ陷－함정 함. ㅇ阱－함정 정. ㅇ辟－피할 피. ㅇ擇－가릴 택. ㅇ中庸－행동의 원칙. ㅇ期月－한 달.

국역 공자께서 말씀하셨다. 사람들이 모두 다 말하기를 나는 지혜롭다고 하되, 그물과 덫과 함정 중에 몰아넣어도 그것을 피할 줄을 알지 못하며, 사람들이 말하기를 나는 지혜롭다고 하되, 중용을 선택하여 능히 1개월도 지키지

못하니라.[20] [21]

주해 20) 罟, 網也. 擭, 機檻也. 陷阱, 坑坎也. 皆所以掩取禽獸者也. (고는 그물이요, 확은 덫[기함]이요, 함정은 구덩이니, 모두 금수를 기습하여 잡기 위한 것들이다.)
擇乎中庸, 辨別衆理, 以求所謂中庸, 卽上章好問用中之事也.(중용을 택한다는 것은 여러 이론을 변별하여 이른바 중용을 찾기 위한 것이니, 즉 윗장에서 묻기를 좋아하고 중을 사용한다는 그 일이다.)
期月, 匝一月也.(기월은 만 1개월이다.)
言知禍而不知避, 以況能擇而不能守, 皆不得爲知也.(화를 알면서도 피할 줄을 알지 못하고, 하물며 능히 중용을 선택하고서도 능히 지킬 수 없다는 것은, 모두 지혜로 될 수 없다는 말이다.)
21) 右, 第七章. 承上章大知而言, 又擧不明之端, 以起下章也.(우[위]는 제7장이다. 윗장의 큰 지혜에 이어서 말씀한 것이며, 또 도가 밝아지지 못하는 단서를 들어 아랫장을 일으키기 위한 것이다.)

해설 보통 사람들은 많은 지식을 가지고 있어도 막상 현실의 삶의 과정에서 어떤 위험한 상황에 부딪치면 멍청하게 피할 줄을 모른다는 것이다. 설사 중용을 선택하였더라도 한 달도 준수하지 못한다는 것이다. 중용의 핵심은 선택(選擇)의 지식이 아니라 준수(遵守)의 실행이니, 곧 자기와의 지구전(持久戰)인 것이다.

제8장 중용의 체행(體行)

8-1. 자왈. 안회의 사람됨은

원문 子曰 回之爲人也 擇乎中庸하야 得一善則拳拳服
자 왈 회 지 위 인 야 택 호 중 용 득 일 선 즉 권 권 복

膺而弗失之矣니라
응 이 불 실 지 의

자의 ㅇ回-안연(顔淵)의 이름. ㅇ拳-주먹 권, 꽉 잡을 권. ㅇ拳拳-받아들이는 모양. ㅇ服-둘 복. 착야(着也). ㅇ膺-가슴 응[胸]. ㅇ弗-비야(非也).

국역 공자께서 말씀하셨다. 안회의 사람됨은 중용의 도를 선택하여서 오직 선을 얻으면 가슴에 꼭 붙여 지니고 그것을 잃지 않았다.[22) 23)]

주해 22) 回, 孔子弟子顔淵名.(회는 공자의 제자 안연의 이름이다.)
拳拳, 奉持之貌. 服, 猶著也. 膺, 胸也, 奉持而著之心胸之間, 言能守也.(권권은 받아 지니는 모습이다. 복은 착과 같다. 응은 가슴이다. 받아 지녀 가슴 사이에 붙여두는 것이니, 능히 지킨다는 말이다.)
顔子蓋眞知之. 故, 能擇能守, 如此, 此行之所以無過不及而道之所以明也.(안자는 대개 진실로 그것을 알았다. 그러므로 능히 선택하여 지킴이 이와 같았으니, 이러한 행에는 초과나 불급이 없었기

때문에 도가 밝아지게 된 까닭이다.)
23) 右, 第八章.(우[위]는 제8장이다.)

해설 옛날에는 남의 이름을 부를 수 있는 자는 군사부(君師父)밖에 없었다. 따라서 공자께서 안자연(顔子淵)의 이름인 회(回)를 바로 불러 그 사람됨이라고 하였으니 얼마나 친근한 분위기인지 알 수 있다. 안회가 중용을 하여 좋은 것 하나를 얻으면 그것을 가슴속에 감싸안고 절대 놓지 않았다는 것이다. 중용은 멀고 거창한 데 있는 것이 아니라 바로 일상의 작은 것에서 출발하는 것임을 말한 것이다. 예컨대 단골손님에게 꼭 맞는 물건을 정성껏 골라주는 가게주인의 정성 같은 것도 훌륭한 중용의 도가 될 것이다.

제9장 중용은 지난(至難)한 것

9-1. 자왈. 천하와 국가일지라도

원문 子曰 天下國家라도 可均也며 爵祿을 可辭也며 白刃을 可蹈也로되 中庸은 不可能也니라
자왈 천하국가 가균야 작록 가사야 백인 가도야 중용 불가능야

자의 ㅇ均－평치(平治). ㅇ爵－벼슬 작. 작위. ㅇ祿－봉록. ㅇ刃－칼날 인. ㅇ蹈－밟을 도.

국역 공자께서 말씀하셨다. 천하와 국가일지라도 평화롭게 다스릴 수 있으며, 작위와 봉록을 사양할 수 있으며, 새하얀 칼날을 밟을 수 있으나 중용의 도는 능히 할 수 없다.[24) 25)]

주해 24) 均, 平治也. 三者, 亦知仁勇之事, 天下之至難也.(균은 평평하게 다스리는 것이다. 삼자는 역시 지・인・용의 일이니, 천하에서 지극히 어려운 일이다.)

然, 皆倚於一偏. 故, 資之近而力能勉者, 皆足以能之. 至於中庸, 雖若易能, 然, 非義精仁熟而無一毫人欲之私者, 不能及也.(그러나 모두 한쪽에 치우쳐 있는지라, 그러므로 자품이 이에 가깝고 공력을 능히 부지런히 하는 자는 모두 충분히 그것을 할 수 있다. 중용에 이르러서는 비록 마치 쉽게 할 수 있을 것 같으나, 그러나 뜻이 정밀하고 인이 익숙하여 일호[一毫]의 인욕[人慾]의 사심이 없는 자가 아니면, 능히 미치지 못한다.)

三者, 難而易, 中庸, 易而難, 此, 民之所以鮮能也.(삼자는 어려우면서 쉽고, 중용은 쉬우면서 어려우니, 이는 백성들 중에 능한 자가 드물기 때문이다.)

25) 右, 第九章. 亦承上章以起下章.(우[위]는 제9장이다. 역시 윗장에 이어 아랫장을 일으키기 위한 것이다.)

해설 문장의 구조가 매우 대비적이다. 천하 국가→작록→백인→중용, 그리고 가균→가사→가도→불가능이라 대응되어 있다. 그 규모는 점점 작아지지만 그 뜻에 있어서는 반대의 느낌이 든다. 위의 셋은 지극히 어려운 일이긴 하나 어느 한쪽에 치우친 것으로써 중용과는 비교될 수 없이 낮은 차원이라는 것이다. 따라서 그런 것에 능한 사람일지라도 중용만큼은 능히 할 수 있는 것이 아니라는 것이다.

第10장 군자의 강(强)

10-1. 자로가 강함에 대해 질문하였다

원문 子路 問强한대
자로 문강

자의 ㅇ子路-성은 중(仲), 이름은 유(由), 자로는 그의 자인데 계로(季路)라 하기도 한다. ㅇ强-강할 강, 억지로 강.

국역 자로가 강함에 대해 질문하였다.[26)]

주해 26) 子路, 孔子弟子仲由也. 子路好勇. 故, 問强.(자로는 공자의 제자인 중유이다. 자로는 용맹을 좋아하였다. 그러므로 강함을 질문한 것이다.)

해설 자로는 공자의 제자 중에서 용맹을 좋아한 인물로 묘사된다. 그래서 관심도 용맹에 있었을 것이고, 강함에 대해 물었다. 공자는 그것에 관해 다음에서 대답하고 있다.

10-2. 자왈. 남방의 강함인가

원문 子曰 南方之强與아 北方之强與아 抑而强與아
자왈 남방지강여 북방지강여 억이강여

자의 ㅇ南方－지금의 광동성 지역. ㅇ與－더불어 여. 의문이나 반문(反問)을 나타내는 어기조사. ~한가? ~는가? ㅇ北方－중국의 북부 지방. ㅇ抑－누를 억. 혹은, 그렇지 않으면, 다만, 오직. ㅇ而－너 이.

국역 공자께서 말씀하셨다. 남방의 강함인가? 북방의 강함인가? 그렇지 않으면 너의 강함인가?[27]

주해 27) 抑, 語辭. 而, 汝也.(억은 어조사이다. 이〔而〕는 너〔汝〕이다.)

해설 공자는 일종의 변증법적 방식으로 질문을 하고 있다. 강함에도 남방의 것, 북방의 것이 있고, 또 너의 용맹도 있는데 어느 것이냐라고 되묻는다. 그리고 차분하게 다음에서 남방의 강과 북방의 강, 그리고 진정한 군자의 강을 설명하였다.

10-3. 관대하고 유순의 도리로써 가르치고

원문 寬柔以教요 不報無道는 南方之强也니 君子居之니라
관유이교 불보무도 남방지강야 군자거지

자의 ㅇ寬－관대(寬大). ㅇ柔－유순(柔順). ㅇ居－처한다, 목표를 둔다, 도를 취한다.

국역 관대하고 유순의 도리로써 가르치고, 무도함에 대해서

도 보복하지 않음은 남방의 강함이니 군자는 거기에 처하느니라.[28]

주해 28) 寬柔以敎, 謂含容巽順, 以誨人之不及也. 不報無道, 謂橫逆之來, 直受之而不報也.(관용과 유순의 도리로써 가르친다는 것은, 감정을 드러내지 않고 손순히 하여, 그리고[以] 남의 미치지 못하는 것을 가르치는 것을 이르는 것이요, 무도함에 보복하지 않는다는 것은 횡포한 행위가 오더라도 바로 수용하고 보복하지 않는다는 것을 이르는 것이다.)

南方, 風氣柔弱. 故. 以含忍之力勝人爲强, 君子之道也.(남방은 풍기가 유약하다. 그러므로 참고 견디는 힘으로써 남을 이김을 강함으로 삼으니, 군자의 도이다.)

해설 남방은 그 특유의 교화방식과 충격흡수방식을 가지고 있다. 그것은 그 풍토와 기후가 부드럽고 연약하여 풍기가 해이해지기 쉬워 인내심으로써 남을 이김을 강함으로 여긴다. 이것이 남방의 강함이며 군자의 도이며 따라서 군자가 거(居)한다는 것이다. 안자(顔子)의 인(仁)에 비유할 수 있으나 중용의 시각에서 볼 때 불급(不及)인 것이다.

10-4. 무기와 갑옷을 깔고

원문 衽金革하야 死而不厭은 北方之强也니 而强者居之니라
임금혁 사이불염 북방지강야 이강자거지

자의 ㅇ衽－요 임, 옷깃 임. ㅇ金革－무기와 갑옷. ㅇ厭－싫어할 염. ㅇ强－강포(强暴)한 자.

국역 무기와 갑옷을 깔고 자면서 죽는 것도 싫어하지 않는 것은 북방의 강함이니 강포한 자가 거기에 처하느니라.[29)]

주해 29) 衽, 席也. 金, 戈兵之屬. 革, 甲胄之屬.(임은 자리이다. 금은 창과 병장기의 등속이다. 혁은 갑옷의 등속이다.)
北方, 風氣剛勁. 故. 以果敢之力勝人爲强, 强者之事也.(북방은 풍기가 굳세고 강하다. 그러므로 과감한 힘으로써 남을 이기는 것을 강함으로 삼으니, 강한 자의 일이다.)

해설 북방의 강함은 싸움에서 죽음을 두려워하지 않고 사람을 누르는 과감한 힘인데, 역시 자로의 용맹에 비유할 수 있으나 중용에 초과하는 그저 그런 용맹일 뿐이라는 것이다.

10-5. 그러므로 군자는 융화하면서도

원문 故로 君子는 和而不流하나니 强哉矯여 中立而不倚
고 군자 화이불류 강재교 중립이불의

하나니 强哉矯여 國有道에 不變塞焉하나니 强哉矯여
강재교 국유도 불변색언 강재교

國無道에 至死不變하나니 强哉矯여
국무도 지사불변 강재교

자의 ㅇ矯－굳셀 교. 《시경》의 노송(魯頌) 반수(泮水)편의 교교호신(矯矯虎臣)의 교(矯)와 같은 의미이다. ㅇ倚－기댈 의, 믿을 의. ㅇ不變－절개를 변경하지 않는 것. ㅇ塞－막을 색. ㅇ塞焉－불통, 궁색할 때의 마음.

국역 그러므로 군자는 융화하면서도 세속의 탁류에 휩쓸리지 않으니 강하도다, 꿋꿋함이여! 중심을 확립하여 기울지 아니하니 강하도다, 꿋꿋함이여! 나라에 정도가 있어 입신(立身)하여도 궁할 때의 마음을 변치 않으니 강하도다, 꿋꿋함이여! 나라에 정도가 없어 죽음에 이르러도 절개를 변치 않으니 강하도다, 꿋꿋함이여![30] [31]

주해 30) 此四者, 汝之所當强也.(이 넷은 네가 마땅히 강하게 하여야 할 것이다.)

矯, 强貌, 詩曰矯矯虎臣, 是也. 倚, 偏著也. 塞, 未達也.(교는 강한 모양이니, 《시경》〔魯頌 泮水篇〕에 말하기를 '교교한 호신'이라 한 것이 이것이다. 의는 치우쳐 붙는 것이다. 색은 영달하지 못하는 것이다.)

國有道, 不變未達之所守, 國無道, 不變平生之所守也, 此則所謂中庸之不可能者, 非有以自勝其人欲之私, 不能擇而守也.(나라에 정도가 있을 때에는 영달하지 못하던 때의 지키던 바를 변치 말고, 나라에 정도가 없을 때에는 평생의 지키던 바를 변치 않아야 한다. 이것은 곧 이른바 중용이 불가능한 자이니, 그가 인욕의 사심을 스스로 이길 수 없으면 능히 선택하여 지킬 수도 없을 것이다.)

君子之强, 孰大於是. 夫子以是告子路者, 所以抑其血氣之剛, 而進之以德義之勇也.(군자의 강함은 무엇이 이것보다 크겠는가? 선생님께서 자로에게 이것을 말함으로써 그의 혈기의 강함을 억제하여 덕의의 용맹으로써 나아가게 한 까닭이다.)
31) 右, 第十章.(우[위]는 제10장이다.)

해설 여기서 강(强)을 결론적으로 말하였다. 군자의 강함은 '화이불류(和而不流)'이다. 또 나라에 정도가 있는 때는, 정도가 막혔을 과거에 마음먹었던 것을 바꾸지 않는 군셈, 나라에 정도가 없는 때는, 죽을지언정 지조를 바꾸지 아니하는 군셈인 것이다. 평생에 지키던 바를 변함없이 지켜 가는 것이 참다운 중용이라는 것이다. 화이불류는《논어》〈자로편〉 13-23의, '군자는 화목은 하되 악에 뇌동은 하지 않고, 소인은 뇌동은 하지만, 화목은 하지 못한다[君子和而不同, 小人同而不和]'와 유사하다.

제11장 생의 실현과 중용의 도

11-1. 자왈. 평소 은거하여 생활하고 행동을 괴이하게 하는 것을

원문 子曰 素隱行怪를 後世에 有述焉하나니 吾弗爲之矣로라
자왈 소은행괴 후세 유술언 오불위지 의

자의 ㅇ素－평소. 주자는 주(註)에서 이 소(素)를 색(索)의 오기라

하나, 고치지 않아도 풀이에 아무 지장이 없다. ㅇ隱-은거. ㅇ行怪-상식 밖의 일. ㅇ述-이을 술. ㅇ焉-어차(於此). ㅇ之-어차(於此).

국역 공자께서 말씀하셨다. 평소 은거하여 생활하고 행동을 괴이하게 하는 것을, 후세에 그것을 칭찬하여 뒤로 잇는 자가 있으나, 나는 그것을 하지 않을 것이다.[32]

주해 32) 素, 按漢書, 當作索, 蓋字之誤也.(소는《한서》〈예문지〉를 살펴보면 마땅히 색[索]자로 되어 있어 대개 글자의 잘못일 것이다.)

索隱行怪, 言深求隱僻之理而過爲詭異之行也.(색은・행괴는 깊이 은벽한 이치를 구하고 지나치게 괴이한 행동을 하는 것을 말한다.)

然, 以其足以欺世而盜名. 故, 後世, 或有稱述之者.(그러나 그것은 충분히 세상을 속이기 위하여 정명을 도둑질함으로써, 그러므로 후세에 혹시 그것을 칭찬하여 뒤로 잇는 자가 있을 것이다.)

此, 知之過而不擇乎善, 行之過而不用其中, 不當强而强者也. 聖人, 豈爲之哉.(이것은 지혜가 지나쳐 선에서 가리지 않는 것이요, 행동이 지나쳐 그 중을 사용하지 않는 것이니, 마땅히 강하지 않아야 할 때에 강한 것이니, 성인이 어찌 그런 짓을 하시겠는가?)

해설 평소 파행적 행동으로 대중의 주목을 받아 입신이나 후세에 기억되고자 하는 이들이 많은 세태에서 볼 때 일종의 경종이라 할 것이다. 오늘날 대중의 인기를 의식하여 편향되거나 해괴한 언행을 하는 이가 더러 있으나, 한때 호기심의 대상은 될지언정 나라의 중심적 표준은 결코 되지 못할 것이다.

11-2. 군자는 중용의 도를 따라 행하다가

원문 君子 遵道而行하다가 半途而廢하나니 吾弗能已矣로라
군자 준도이행 반도이폐 오불능이의

자의 ㅇ遵-중용의 도를 따르는 것. ㅇ途-길 도. ㅇ弗-아닐 불. ㅇ已-그만둘 이, 그칠 이.

국역 군자는 중용의 도를 따라 행하다가 중도에서 폐지하는데, 나는 능히 그만둘 수 없는 일이다.[33]

주해 33) 遵道而行, 則能擇乎善矣. 半塗而廢, 則力之不足也. 此, 其知雖足以及之, 而行有不逮, 當强而不强者也.(도를 따라 행하면 능히 착한 것에서 선택할 것이요, 중도에서 폐하면 힘이 부족한 것이다. 이것은 그 지혜가 비록 충분히 그것에 미칠 수 있으나 행함이 미치지 못함이 있는 것이니, 마땅히 강한 듯하나 강하지 못한 것이다.)
已, 止也. 聖人於此, 非勉焉而不敢廢. 蓋至誠無息, 自有所不能止也.(이는 그치는 것이다. 이로부터 성인이 반드시 힘쓰고 감히 폐하지 않는다. 대개 지극한 정성을 그만두지 못함은 스스로 능히 그치지 못하는 바가 있기 때문이다.)

해설 도는 잠시라도 몸을 떠날 수 없는 것이며, 떠날 수 있는 것이면 벌써 도가 아니라고 하였는데(1-2), 군자가 도의

실천을 중도에서 그만둔다니 공자께서 동의할 리가 없는 일이다. 비록 하찮게 여기는 일상의 일일지라도 중도에서 중지함은 아니함만 못한 것임은 말할 필요가 없는 것이다. 그것은 이미 투입한 비용은 물론 새 사업의 출발까지도 그만큼 늦게 만든다.

11-3. 군자는 중용에 의거하고

원문 君子 依乎中庸하여 遯世不見知而不悔하나니 唯聖者能之니라
군자 의호중용 둔세불현지이불회 유성자능지

자의 ㅇ遯－달아날 둔, 속일 둔. ㅇ遯世－둔세(遁世). 세상을 피해 삶. ㅇ悔－뉘우칠 회.

국역 군자는 중용에 의거하고 세상에 은둔하여 알려지지 않더라도 후회하지 않으니, 오직 성자만이 그렇게 할 수 있는 것이다.[34) 35)]

주해 34) 不爲索隱行怪, 則依乎中庸而已, 不能半塗而廢, 是以, 遯世不見知而不悔也.(은벽한 이치를 찾거나 괴이한 행동을 하지 않고, 곧 중용에 의거할 뿐이요, 능히 중도에서 폐지하지 않으니, 그러므로 세상에 은둔하되 알아보지 않더라도 후회하지 않는다.)
此, 中庸之成德, 知之盡, 仁之至, 不賴勇而裕如者, 正吾夫子之事, 而猶不自居也. 故, 曰唯聖者能之而已.(이것은 중용이 이룬 덕이

니, 지혜를 다한 것이며, 인이 지극한 것이다. 용맹에 의뢰하지 않더라도 풍족한 것이니, 바로 우리 선생님의 일이로되, 오히려 자처하지 않으셨다. 그러므로 오직 성자만이 그것에 능할 뿐이라고 말씀하신 것이다.)

35) 右, 第十一章.(우[위]는 제11장이다.)
子思所引夫子之言以明首章之義者, 止此.(자사는 수장의 뜻을 명백히 하기 위하여 선생님의 말씀을 인용한 것인데, 여기서 그쳤다.)
蓋此篇大旨, 以知仁勇三達德, 爲入道之門.(대개 이 책의 대지는 지·인·용의 삼달덕을 도에 들어가는 문으로 삼았다.)
故, 於篇首, 卽以大舜顔淵子路之事, 明之. 舜, 知也. 顔淵, 仁也. 子路, 勇也. 三者, 廢其一, 則無以造道而成德矣.(그러므로 책머리에서, 즉 대순·안연·자로의 일로써 그것을 밝혔다. 순은 지혜요, 안연은 인이요, 자로는 용맹이니, 이 셋 중에서 한 가지라도 폐하면 도에 나아갈 수 없고 덕을 성취할 수도 없다.)
餘見第二十章.(나머지는 제20장을 보라.)

해설 군자가 중용을 지향하면, 필수적으로 신독(愼獨)을 행하게 되고 따라서 남에게 알려지는 기회가 없더라도 후회하지 않는다. 중용 그 자체가 바로 '둔세불현지'이기 때문이다. 《논어》〈학이편〉 1-1의 '남이 나를 알아주지 않더라도 불평하지 않는다면 또한 군자가 아니겠느냐?〔人不知而不慍, 不亦君子乎〕'라는 말 역시 이것에 연결된다고 볼 것이다.

제12장 도(道)의 원리

12-1. 군자의 정도는

원문 君子之道는 費而隱이니라
군자지도 비이은

자의 ㅇ費－쓸 비, 소모할 비, 넓을 비. ㅇ而－말이을 이, 뿐 이. 그리고, 그러나. ㅇ隱－숨을 은, 숨길 은.

국역 군자의 정도는, 그 작용이 광대하나 그 본체는 은밀하고 미세하여 볼 수 없으니, 이른바 비이은(費而隱)이다.[36]

주해 36) 費, 用之廣也. 隱, 體之微也.(비는 그 작용이 광대한 것이요, 은은 그 본체가 은밀 미세함이다.)

해설 군자의 도의 용도는 넓고 명백하지만, 그 본체는 은미하여 숨은 듯이 있다는 것이다. 비(費)와 은(隱)의 상반된 말을 사용하여 군자의 도가 지대(至大)한 세계와 지소(至小)한 세계를 하나로 관통하는 이치에 대해 독자의 상상력을 자극하고 있다. 이것은 또 앞의 1-3의 막현호은(莫見乎隱)과 연결지어 이해하는 것도 좋을 것이다.

12-2. 필부필부의 어리석음으로도

원문 夫婦之愚로도 可以與知焉이로되 及其至也하여는 雖
부부지우 가이여지언 급기지야 수

聖人이라도 亦有所不知焉하며 夫婦之不肖로도 可以能
성인 역유소부지언 부부지불초 가이능

行焉이로되 及其至也하여는 雖聖人이라도 亦有所不能
행언 급기지야 수성인 역유소불능

焉하며 天地之大也에도 人猶有所憾이라 故로 君子語
언 천지지대야 인유유소감 고 군자어

大인댄 天下莫能載焉하며 語小인댄 天下莫能破焉이니라
대 천하막능재언 어소 천하막능파언

자의 ㅇ愚－어리석을 우. ㅇ與－더불어 여[함께]. ㅇ焉－어차(於此). ㅇ雖－비록 수. ㅇ不肖－불초하다, 현명하지 않다. ㅇ猶－오히려 유. ㅇ憾－한할 감. 실망하다, 유감이다.

국역 필부필부(匹夫匹婦)의 어리석음으로도 중용지도를 그들과 더불어 알 수 있으되, 그 지극함에 이르러서는 비록 성인일지라도 역시 그것을 알지 못하는 바가 있으며, 필부필부의 현명하지 못함으로도 능히 그것을 행할 수 있으되, 그 지극함에 이르러서는 비록 성인일지라도 역시 그것을 행할 수 없는 바가 있으며, 천지의 작용의 위대함으로도 사람들은 오히려 섭섭해하는 바가 있을 것이다. 그러므로 군자의 정도의 크기를 말하면, 천하도 거기에 실을 수 없으며, 작기를 말하면 천하도 그것을 파괴할 수 없는 것이다.[37)]

주해 37) 君子之道, 近自夫婦居室之間, 遠而至於聖人天地之所不能盡, 其大無外, 其小無內, 可謂費矣.(군자의 정도는, 가까이는 필부필부의 거실 한 칸으로부터 멀리는 성인과 천지도 능히 다할 수 없는 것에 이르기까지, 그 크기는 바깥이 없고[無限大], 그 작기는 속이 없으니[無限小] 이른바 비[費]라고 할 만하다.)

然, 其理之所以然, 則隱而莫之見也.(그러나 그런 이치의 까닭은 은밀하고 미세하여 드러나지 않는다.)

蓋可知可能者, 道中之一事, 及其至而聖人不知不能, 則擧全體而言, 聖人, 固有所不能盡也.(대개 알 수 있고 능히 할 수 있다는 것은 정도의 중심을 아는 것이 유일한 일이라는 것이요, 아마 지극함에 이르러 성인도 알지 못하고 능히 할 수 없다는 것은 전체를 들어 말한 것이니, 성인도 진실로 능히 다할 수 없는 바가 있다는 것이다.)

侯氏曰 : 聖人所不知, 如孔子問禮問官之類. 所不能, 如孔子不得位. 堯舜病博施之類. 愚謂, 人所憾於天地, 如覆載生成之偏, 及寒暑災祥之不得其正者.(후씨[侯仲良]가 말하였다. 성인도 알지 못한다는 것은 마치 공자께서 예를 묻고, 관제를 묻는 것과 같은 종류요, 능하지 못하다는 것은 마치 공자가 지위를 얻지 못하고 요순도 널리 베푸는 것을 걱정하였다는 종류이다. 내 생각으로는, 사람들이 천지에서 유감으로 여기는 것이 마치 하늘이 덮어주고, 땅이 실어주되 생성의 치우침과 추위와 더위, 재앙과 상서로움에 미쳐 아마 정확히 깨닫지 못한 것이다.)

해설 여기서 생각할 수 있는 것은 첫째, 중용의 도의 비(費)한 부분은 평범한 부부의 도로써도 그것을 알 수 있다는 것이다. 둘째, 중용의 도의 은(隱)의 측면은 성인일지라도 능히 행할 수 없이 은미하고 미세하다는 것이다. 또 부부의 도라는 것도 평소 일상적 문제로부터 인간이 지향하는 가장 이상적 상태의 문제까지를 포괄한다는 것이다. 이것이 바로 중용의 발상의 위대함인 것이다.

12-3. 《시경》에 이르기를 솔개는 하늘에 이르도록 날아오르고

원문 詩云 鳶飛戾天이어늘 魚躍于淵이라하니 言其上下察也니라
(시운 연비려천 어약우연 언기상하찰야)

자의 ㅇ鳶－솔개 연. ㅇ戾－이를 려(=至, 于). ㅇ躍－뛸 약. ㅇ淵－못 연. ㅇ察－살필 찰.

국역 《시경》의 〈대아편〉 '한록장(旱麓章)'에 이르기를 솔개는 하늘에 이르도록 날아오르고, 고기는 연못에서 뛰논다 하였으니, 그것은 군자의 도가 상하에서 나타남을 살펴 말한 것이다.[38]

주해 38) 詩, 大雅旱麓之篇.(시는 《시경》 〈대아편〉 '한록장'이다.)
鳶, 鴟類.(연은 솔개의 종류이다.)
戾, 至也.(여는 이르는 것이다.)
察, 著也.(찰은 드러남이다.)

子思引此詩, 以明化育流行, 上下昭著, 莫非此理之用, 所謂費也. 然, 其所以然者, 則非見聞所及, 所謂隱也.(자사가 이 시를 인용한 것은 화육유행하여 상하에 환하게 드러나서 이 이치가 작용하지 아니함이 없는 것을 밝힘으로써, 이른바 비〔費〕인 것이다. 그러나 그 까닭은 보고, 들어 미칠 수 있는 바가 아니니, 소위 은〔隱〕이다.) 故, 程子曰 : 此一節, 子思喫緊爲人處, 活潑潑地, 讀者其致思焉. (그러므로 정자가 말하였다. 이 1절은, 자사가 사람들에게 긴요한 곳이 되며, 아주 활발한 곳이니, 독자는 아마 거기에 생각을 이르도록 하여야 할 것이다.)

해설 성인과 필부필부는 물론, 솔개와 물고기, 그것들의 비(飛)와 약(躍), 그것들이 사는 공간인 하늘과 연못까지도 각각 제자리에서 본성에 따라 즐기고 있는데 바로 그것이 군자의 도의 구현이며 중용의 모습이라는 것이다.

12-4. 군자의 도는 필부필부에서 단서가 만들어지니

원문 君子之道는 造端乎夫婦니 及其至也하여는 察乎天地니라
군자지도 조단호부부 급기지야 찰호천지

자의 ㅇ造端－시작, 발단. ㅇ及－미칠 급, 더불어 급.

국역 군자의 도는, 필부필부에서부터 단서가 만들어지니, 그 지극함에 이르러서는 천지에 밝게 드러난다.[39) 40)]

주해 39) 結上文.(윗글을 맺은 것이다.)

40) 右, 第十二章, 子思之言蓋以申明首章道不可離之意也. 其下八章, 雜引孔子之言以明之.(우[위]는 제12장인데, 자사께서 대개 수장의 도를 떠날 수 없다는 뜻을 정중하게 설명하기[申明] 위하여 말한 것이다. 그 아래 8개장은 그것을 밝히기 위하여 공자의 말씀을 섞어 인용하였다.)

해설 군자의 도는 유학(儒學)이 지향하는 하나의 목표이다. 그 목표의 단서가 바로 부부의 도에서 만들어진다는 것이다. 중용이 그 도의 출발점을 부부의 도에서 구하는 것은 놀라운 관찰이며, 위대한 발상이라 볼 것이다. 따라서 중용의 도는 현대 사회생활의 어디에도 존재하며, 그 도를 떠나서는 아무것도 원만히 이룰 수 없음도 알 수 있다.

제13장 도는 멀리 있지 않음

13-1. 자왈. 중용의 도는 사람들에게서 멀리 있지 않은 것이니

원문 子曰 道不遠人하니 人之爲道而遠人이면 不可以爲道니라
자왈 도불원인 인지위도이원인 불가이위도

자의 ㅇ道-중용의 도. ㅇ以爲-생각하다, 여기다.

국역 공자께서 말씀하셨다. 중용의 도는 사람들에게서 멀리 있지 않은 것이니, 사람이 도를 한다면서 사람에게서 멀리 있다고 하면 도라고 생각할 수 없다.[41]

주해 41) 道者, 率性而已, 固衆人之所能知能行者也.(도는 본성[천명]을 따를 뿐이니, 진실로 여러 사람들도 능히 알고, 능히 행할 수 있는 것이다.)
故, 常不遠於人, 若爲道者厭其卑近, 以爲不足爲, 而反務爲高遠難行之事, 則非所以爲道矣.(그러므로 항상 사람으로부터 멀리 있는 것이 아니다. 만약 도를 행하는 자가 그 비근을 싫어하여 충분히 행할 수 없는 것이라 여기거나, 도리어 높고 멀고 어려운 일을 행하기 위해 힘쓰는 일이라면, 도라고 여길 바가 아니다.)

해설 사람이 지켜야 할 도는 사람에게서 멀리 있는 것이 아니고, 사람들에 가까이 있는 것이다. 사실 도라는 것은 본성을 따르는 것인데, 사람들은 도를 사람들로부터 멀리 있다고 여겨 요원한 데서 그것을 추구하니, 도를 실천할 수 없게 된다는 것이다. 그러니 일상적 업무에서 어떤 업무마다 그 본성에 적중하는 도리를 찾아내어 그것을 실행하는 것이 곧 중용의 도일 것이다.

13-2. 《시경》에 이르기를 도끼자루 만들 나무를 베네!

원문 詩云 伐柯伐柯여 其則不遠이라하니 執柯以伐柯
시운 벌가벌가 기칙불원 집가이벌가

하되 睨而視之하고 猶以爲遠하나니 故로 君子는 以人
예이시지 유이위원 고 군자 이인

治人하다가 改而止니라
치인 개이지

자의 ㅇ伐－칠 벌, 자랑할 벌. ㅇ柯－가지 가. 자루. ㅇ睨－흘겨볼 예. ㅇ猶－오히려 유, 같을 유.

국역 《시경》에 이르기를 도끼자루 만들 나무를 베네! 도끼자루 만들 나무를 베네! 그 법칙이 멀리 있지 않다 하였으니, 도끼자루를 잡고서 나무를 베어 도끼자루를 만들려 하니 흘깃(비스듬히) 그것을 보고 알 수 있는 것을 오히려 멀리 있다고 여긴다. 그러므로 군자는 사람의 도리로써 사람을 다스리다가 고치면 그만두느니라.[42]

주해 42) 詩, 豳風伐柯之篇.(시는 《시경》〈빈풍편〉'벌가장'이다.)
柯, 斧柄. 則, 法也. 睨, 邪視也.(가는 도끼의 자루이다. 칙은 법이다. 예는 곁눈질하는 것이다.)
言人執柯伐木以爲柯者, 彼柯長短之法, 在此柯耳.(사람들이 도끼자루를 잡고서 나무를 베어 자루를 만들기 때문에, 저 자루의 장단의 법이 이 자루에 있을 따름이라고 말한다.)
然, 猶有彼此之別. 故, 伐者視之, 猶以爲遠也.(그러나 오히려 피차에는 분별이 있다. 그러므로 베는 자가 그것을 보기를 오히려 멀다고 여기는 것이다.)
若以人治人, 則所以爲人之道各在當人之身, 初無彼此之別.(만약 사람의 도리로써 사람을 다스리는 것을 말하면, 사람의 도리라고 여기는 것은 마땅히 사람의 몸에 각기 존재하기 때문에 당초에는 피차의 구별이 없었다.)

故, 君子之治人也, 卽以其人之道, 還治其人之身, 其人能改, 卽止不治. 蓋責之以其所能知能行, 非欲其遠人以爲道也.(그러므로 군자가 사람을 다스림에, 곧 그 사람의 도리로써 도리어 그 사람의 몸을 다스리다가 그 사람이 능히 고치면 즉시 중지하고, 다스리지 아니한다. 대개 그가 능히 알고 능히 행할 수 있는 것으로써 책망하는 것이지, 그가 도를 하기 위하여 사람을 멀리하고자 하는 것은 아니기 때문이다.)

張子所謂以衆人望人則易從, 是也.(장자[張載]의 이른바 뭇 사람의 마음으로써 남에게 희망하면 쉽게 따른다는 것이 이것이다.)

해설 여기서는《시경》〈빈풍편〉'벌가장'을 인용하여 중용의 보편성과 비근성을 제시하고 있다. 나무를 베어 도끼자루를 만들고자 할 때 도끼자루의 크기, 길이 등 모양은 물론 어떻게 만들었는지 그 제작 방법까지 지금 잡고 있는 것을 한 번 척 보면 알 수 있다는 것이다. 그래서 군자는 사람을 관리할 때 사람의 도리로써 관리하다가 그들이 본성의 양능(良能)을 회복하면 곧 관리를 그만두어야 한다는 것이다. 거기서 그치는 것이 곧 중용이기 때문이다.

13-3. 충성과 용서는 중용의 도와 헤어져 멀리 있는 것이 아니니

원문 忠恕는 違道不遠하니 施諸己而不願을 亦勿施於人
충서 위도불원 시저기이불원 역물시어인

이니라

자의 ㅇ忠－곧을 충. ㅇ恕－용서할 서. ㅇ違－어길 위. 이별하다, 헤어지다. ㅇ諸－지어(之於). ㅇ勿－말 물.

국역 충성과 용서는 중용의 도와 헤어져 멀리 있는 것이 아니니, 그것을 자기에게 시행해 보아 원치 않는 것이면 역시 남에게 시행하지 말아야 한다.[43]

주해 43) 盡己之心, 爲忠. 推己及人, 爲恕.(자기의 마음을 다함을 충성이라 하고, 자기를 미루어 남에게 미치는 것을 용서라 한다.)

違, 去也. 如春秋傳, 齊師違穀七里之違. 言自此至彼, 相去不遠, 非背而去之之謂也. 道, 卽其不遠人者, 是也.(위는 거리가 떨어져 있는 것이니, 《춘추전》에 제나라 군대가 곡[穀] 땅에서 7리쯤 떨어져 있다는 위[違]와 같다. 여기로부터 저기까지 서로 떨어져 있는 것이 멀지 않는 것을 말한 것이고, 배반하여 거기에서 가버리는 것이 아님을 이른다. 도는 즉, 그것이 사람에게서 멀지 않다는 것이 이것이다.)

施諸己而不願, 亦勿施於人, 忠恕之事也.(자기에게 그것을 시행해 보아 원하는 것이 아니면 역시 남에게도 실시하지 않는 것이 충성과 용서의 일이다.)

以己之心, 度人之心, 未嘗不同, 則道之不遠於人者, 可見.(자기의 마음으로써 남의 마음을 헤아려 결코 다르지 않으면[未嘗], 도가 사람으로부터 멀리 있는 것이 아님을 알 수 있다.)

故, 己之所不欲, 則勿以施於人, 亦不遠人以爲道之事.(그러므로 자기가 하고 싶지 않는 바이면, 다른 사람에게 시행하려 하지 말라는 것이니, 역시 사람을 멀리하지 않고 도를 생각하는 일이다.)

張子所謂以愛己之心愛人則盡仁, 是也.(장자의 이른바 자기를 사랑하는 마음으로써 남을 사랑하면 인을 다한다는 것이 이것이다.)

해설 이 절의 첫머리 충서(忠恕)는 논어 〈이인편〉 4-15에 있고, 후단은 논어 〈위령공편〉 15-23에 있는 내용이다. 충(忠)은 자기 마음속으로부터 우러나오는 속마음이며, 서(恕)는 내 마음이 남의 마음과 같아지는 것이라 볼 때 이 충서가 도(道)로부터 멀리 있는 것이 아니라는 것이다. 또 어떤 일을 자기에게 실시해보고 원하지 않는 것이면 남에게도 실시하지 말라는 것이니, 자타(自他)를 분리하여 볼 것이 아니라 동일한 관계로 보고 접근해야 한다는 것이다.

13-4. 군자의 도에 넷이 있는데

원문 君子之道四에 丘未能一焉이로니 所求乎子로 以事
군자지도사 구미능일언 소구호자 이사

父를 未能也하며 所求乎臣으로 以事君을 未能也하며
부 미능야 소구호신 이사군 미능야

所求乎弟로 以事兄을 未能也하며 所求乎朋友로 先施
소구호제 이사형 미능야 소구호붕우 선시

之를 未能也로니 庸德之行하며 庸言之謹하여 有所不
지 미능야 용덕지행 용언지근 유소부

足이어든 不敢不勉하며 有餘어든 不敢盡하여 言顧行하
족 불감불면 유여 불감진 언고행

며 行顧言이니 君子胡不慥慥爾리오
행고언 군자호부조조이

자의 ㅇ丘－공자의 이름. 바로 읽지 않고 모라고 읽는다. ㅇ焉－어차(於此). ㅇ事－섬길 사. ㅇ庸－쓸 용, 범상할 용. ㅇ庸德－평소의 덕. ㅇ庸言－평소의 말. ㅇ顧－돌아볼 고. ㅇ胡－오랑캐 호, 어찌 호. ㅇ慥－진실할 조. ㅇ慥慥－언행이 신중하고 성실한 모양. ㅇ爾－너 이, 그러할 이. 따름이다〔耳〕.

국역 군자의 도에 넷이 있는데 모(某=丘)는 한가지도 능하지 못하니, 자식에게 요구되는 것으로 어버이를 섬겨야 하는 데 능히 하지 못하였고, 신하에게 요구되는 것으로 임금을 섬겨야 하는 데 능히 하지 못하였고, 아우에게 요구되는 것으로 형을 섬겨야 하는 데 능히 하지 못하였고, 붕우에게 요구되는 것으로 먼저 그들에게 베푸는 것을 능히 하지 못하였다. 평소의 덕, 그것을 행하며, 평소의 말, 그것을 삼가 부족한 바가 있거든 감히 힘쓰지 않을 수 없으며, 여유가 있거든 감히 다하지 않을 수 없게 하여, 말은 행실을 돌아보며, 행실은 말을 돌아보아야 하니, 군자가 어찌 언행을 진실하고 성실하게 하지 않으리요.[44) 45)]

주해 44) 求, 猶責也. 道不遠人, 凡己之所以責人者, 皆道之所當然也. 故, 反之以自責而自修焉.(구는 요구하다와 같다. 도가 사람에게서 멀지 않으니 무릇 자기가 남에게 요구하는 까닭은 모두 도의 당연한 바이다. 그러므로 도리어 자신에게 요구함으로써 스스로 그것을 닦는 것이다.)

庸, 平常也. 行者, 踐其實. 謹者, 擇其可. 德不足而勉, 則行益力.

(용은 평상이다. 행은 그것을 실제로 밟는 것이다. 근은 그 옳은 것을 선택하는 것이다. 덕이 부족한데 힘쓰면 행실에 더욱 힘쓸 것이다.)

言有餘而訒, 則謹益至, 謹之至則言顧行矣, 行之力則行顧言矣.(말에 여유가 있는데 참으면, 삼감은 더욱 지극할 것이니 삼감이 지극하면 말이 행실을 돌아보게 될 것이요, 행실에 힘쓰면 행실이 말을 돌아볼 것이다.)

慥慥, 篤實貌. 言君子之言行如此, 豈不慥慥乎, 讚美之也.(조조는 독실한 모양이다. 군자의 언행이 이와 같으니, 어찌 독실하지 않겠는가라고 말씀한 것은 그것을 찬미한 것이다.)

凡此皆不遠人以爲道之事.(무릇 이것은 모두 사람을 멀리하지 않고 도를 생각하는 일이다.)

張子所謂以責人之心責已則盡道, 是也.(장자의 이른바 남에게 요구하는 마음으로써 자기에게 요구하면 도를 다한다는 것이 이것이다.)

45) 右, 第十三章.(우[위]는 제13장이다.)

道不遠人者, 夫婦所能. 丘未能一者, 聖人所不能, 皆費也而其所以然者, 則至隱存焉. 下章放此.(도가 사람에게서 멀리 있지 않다는 것은 필부필부도 능한 바요, 모는 하나도 능하지 못하다는 것은 성인도 능하지 못하다는 것으로, 모두 비[費]이며, 그 소이연은 곧 지극히 은밀하게 존재한다는 것이다. 아랫장도 이와 같다.)

해설 군자의 도에 넷이 있다. 즉 자↔부, 신↔군, 제↔형, 붕우↔선시에 있어서 노력하나, 나 구(丘)는 그 중 하나도 아직 능하지 못한 형편이다. 그러므로 평소의 덕, 그것을 행하고, 평소의 말, 그것을 삼가고, 부족한 것이 있거든 감히 근면하지 않을 수 없었으며, 여유가 있더라도 감히 다 소진하지 않으려고, 말이 행실을 되돌아보며, 행실은 말을 되돌아보아야 하는 것이니, 군자는 어찌 언행을 함부로 할 수 있겠는가? 여기서 공자는 기본적 네 가지 일에 능하려고 계속 노력하나 아직 능하지 못하여 계속하여 언행을 삼가고 있다고 겸손해하고 있다. 성인도 이 넷에 항상 부족함을 느낀다고 말씀한 것은 그것이 기본이기 때문이다.

제14장 정명론(正名論)

14-1. 군자는 현재의 자기 위치에 따라 행할 뿐이요

원문 君子는 素其位而行이요 不願乎其外니라
군자 소기위이행 불원호기외

자의 ㅇ素-평소 소. 현재. ㅇ位-자리 위. 지위, 처지.

국역 군자는 현재의 자기 위치(처지)에 따라 행할 뿐이요, 그밖의 것은 바라지 않으니라.[46]

주해 46) 素, 猶見(現)在也. 言君子但因見在所居之位, 而爲其所當爲, 無慕乎其外之心也.(소는 현재와 같다. 군자는 다만, 현재 있는 곳의 위치에 따라 그가 마땅히 해야 할 것을 하고, 그 이외의 것을 생각하는 마음이 없음을 말씀한 것이다.)

해설 군자, 즉 현자는 자기 지위에 주어지는 분수에 따라 행동을 해야 되고, 분수를 벗어난 것을 희망하지 않아야 한다는 것인데, 그런 것이 곧 당시의 상황에 적중하는 처신이기 때문이다. 물론 인간은 현재의 분수를 벗어난 희망이나 포부를 얼마든지 가질 수 있다. 그러나 그것의 가능한 발현은 현재의 분수 속에서 시작하며 또 이루어지는 것이기 때문이다. 우리는 현재의 분수를 벗어난 일을 도모하는 것이 얼마나 위험하고 허황한 것인지 경험으로 잘 알고 있다.

14-2. 현재 부귀하면 부귀에서 행하고

원문 素富貴하야 行乎富貴하며 素貧賤하야 行乎貧賤
소부귀 행호부귀 소빈천 행호빈천

하며 素夷狄하야 行乎夷狄하며 素患難하야 行乎患難이
소이적 행호이적 소환난 행호환난

니 君子는 無入而不自得焉이니라
군자 무입이부자득언

자의 ㅇ素－평소 소. ㅇ夷－오랑캐 이. ㅇ狄－오랑캐 적. ㅇ患－근심 환, 재앙 환.

국역 현재 부귀하면 부귀에서 행하고, 평소 빈천하면 빈천에서 행하고, 현재 이적(오랑캐)이면 이적에서 행하고, 현재 환난이면 환난에서 행하니, 군자는 출입하면서 거기서 깨닫지 않는 것이 없다.[47)]

주해 48) 此, 言素其位而行也.(이것은 현재 그 지위에서 행하는 것을 말씀한 것이다.)

해설 부귀의 지위에 있는 사람은 거기에 적중하는 윤리와 덕성을 길러 부귀와 조화되어야 한다. 또 빈자 역시 빈자의 윤리와 덕성을 갖추는 것이 요망되는 것이다. 심지어 오랑캐의 나라에서는 그곳의 문화에 따르고, 환난에는 그 상황의 질서에 따라 행하는 것이 참으로 중용이라는 것이다. 군자는 현재의 상황에 처하여 하나를 고집하거나 기피하지 않고 능동적으로 수시처중(隨時處中)을 한다는 것이다.

14-3. 윗자리에 있으면서 아랫사람을 능멸하지 아니하며

원문 在上位하여 不陵下하며 在下位하여 不援上이요 正己而不求於人이면 則無怨이니 上不怨天하며 下不尤人이니라
재상위 불릉하 재하위 불원상 정기이불구어인 즉무원 상불원천 하불우인

자의 ㅇ陵－업신여길 릉. ㅇ援－당길 원. ㅇ怨－원망할 원, 원수 원. ㅇ尤－허물 우.

국역 윗자리에 있으면서 아랫사람을 능멸하지 아니하며, 아랫자리에 있으면서 윗사람을 끌어당겨 내리지 아니하며, 자기를 바르게 하고 남에게 구하지 아니하면 원망이 없는

법이니, 위로는 하늘을 원망하지 않고 아래로는 남을 허물하지 않느니라.[48)]

주해 48) 此, 言不願乎其外也.(이것은 그밖의 것을 바라지 않는다는 것을 말씀한 것이다.)

해설 한때 교단(校壇)의 병폐를 바로잡기 위해 '교원 제자리 찾기 운동'을 벌인 적이 있다. 상하의 역할이 말이 아닌 것은 지금도 거의 같은 듯싶다. 그러면 중용이 제시하는 이상적 모델은 무엇인가? 그것을 먼 데서 구하지 말라는 것이다. 나를 바로잡고, 남에게서 구하지 말며, 하늘을 원망하거나 남을 허물하지 말라는 것이다. 이 얼마나 철저한 자기 성찰이며 이보다 더한 본질적인 접근이 또 어디 있겠는가?

14-4. 그러므로 군자는 평탄한 도리로 살며

원문 故로 君子는 居易以俟命하고 小人은 行險以徼幸이니라
고 군자 거이이사명 소인 행험이요행

자의 ㅇ易-평이할 이, 바꿀 역. ㅇ俟-기다릴 사. ㅇ險-험할 험. ㅇ徼-구할 요. ㅇ幸-요행 행.

국역 그러므로 군자는 평탄한 도리로 살며, 그리고[以] 천

명을 기다리고, 소인은 위험한 것을 행하며, 그리고 요행을 생각한다.[49)]

주해 49) 易, 平地也. 居易, 素位而行也. 俟命, 不願乎外也. 徼, 求也. 幸, 謂所不當得而得者.(이는 평지이다. 거이는 현재의 위치에 따라 행함이다. 사명은 밖의 것을 바라지 않는 것이다. 요는 구하는 것이다. 행은 이른바 부당한 소득을 얻는 것이다.)

해설 군자는 항상 평이한 방식으로 살면서 천명을 겸허하게 기다린다. 그런데 소인은 인생의 성패를 위험한 짓에 걸고 있다. 문제는 그 쉬운 일에서 그 성패의 기미(機微)를 읽어 내는 지혜가 부족한 데 있다 할 것이다.

14-5. 자왈. 활쏘기는 군자의 중용의 도와 유사하니

원문 **子曰 射**는 **有似乎君子**하니 **失諸正鵠**이면 **反求諸其身**이니라
(자왈 사 유사호군자 실저정곡 반구저기신)

자의 ㅇ射-쏠 사. ㅇ諸-지어(之於). ㅇ鵠-과녁 곡.

국역 공자께서 말씀하셨다. 활쏘기는 군자의 중용의 도와 유사하니, 그 정곡을 맞추지 못하면 도리어 그 자신에게 그 실수의 원인을 찾는다.[50)] [51)]

주해 50) 畫布曰正, 棲皮曰鵠, 皆侯之中, 射之的也.(베에 그린 것을 정[正]이라 하고, 가죽을 붙인 것을 곡[鵠]이라 하니, 모두 과녁판[侯]의 가운데요, 활을 쏘는 표적이다.)
子思引此孔子之言, 以結上文之意.(자사께서 상문의 뜻을 맺기 위하여 이 공자의 말씀을 인용하였다.)
51) 右, 第十四章.(우[위]는 제14장이다.)
子思之言也, 凡章首, 無子曰字者, 放此.(자사의 말씀이니, 무릇 문장의 머리에 '자왈'의 글자가 없는 것은 여기에도 이른다.)

해설 여기서 정곡(正鵠)의 정은 삼베로 된 조준점이고, 곡은 가죽으로 된 조준점인데 거기에 명중시키는 것은 내가 화살을 잘 컨트롤하였기 때문이며, 과녁을 벗어난 것은 저 정곡의 탓으로 여기지 않고, 그 원인을 오히려 내 몸 안에서 찾는다[反求諸其身]는 것이다. 즉 화살이 내 손을 떠나는 찰나에 이미 내 자신의 내면의 마음속에서 그 명중 여부가 판가름난 것이 단지 과녁에서 그렇게 표현된 것일 뿐이라 생각한다. 그래서 화살이 빗나간 원인을 자기의 내면에서 찾으니, 활쏘기는 곧 군자의 도이고 중용이라는 것이다.

같은 내용이 《논어》와 《맹자》에 보인다. 즉 《논어》〈위령공편〉 15-20에 '군자는 모든 책임을 자기에게서 구하고 소인은 그것을 남에게서 구한다[君子求諸己 小人求諸人]'고 하였고, 《맹자》〈공손추 상(公孫丑 上)〉 제7장에 '인이란 활쏘기와 같으니, 쏘는 자는 자기를 바르게 한 후에 쏘고, 쏜 것이 적중하지 못해도 자기보다 나은 자를 원망하지 않고 도리어 그 원인을 자기에게서 구할 뿐이다[仁者如射, 射者, 正己而

後發, 發而不中, 不怨勝己者, 反求諸己而已矣.]'라고 하였다.

제15장 고원은 비근에서부터

15-1. 군자의 도는 비유하면

원문 君子之道는 辟如行遠必自邇하며 辟如登高必自卑
군자지도 비여행원필자이 비여등고필자비
니라

자의 ㅇ辟-비유컨대 비, 편벽할 벽, 법 벽, 임금 벽, 피할 피. ㅇ邇-가까울 이. ㅇ卑-낮을 비.

국역 군자의 도는 비유하면 마치 먼 곳에 행하려면 반드시 가까운 곳으로부터 출발하며, 비유하면 마치 높은 곳을 오르려면 반드시 낮은 곳에서부터 출발하는 것이다.[52]

주해 52) 辟, 譬同.(비는 비와 같다.)

해설 여기서도 원(遠)↔이(邇), 고(高)↔비(卑)로 대비하여 중용의 도는 가정윤리나 집안생활 등 가까운 데서 시작한다고 하여, 그 일상성·비근성을 들어 설명하고 있다. 즉 군자의 도는 필부필부로부터 그 단서가 만들어지듯이[造端乎匹

夫匹婦], 중용의 도는 저만큼 멀리 있는 것이 아니고 사람들의 일상생활 속에 존재하니 그것에 충실하는 삶이 곧 중용의 실천이 아닐까?

15-2. 《시경》에 이르기를 부부, 자녀가 잘 화합하여

원문 **詩曰 妻子好合**이 **如鼓瑟琴**하며 **兄弟旣翕**하여 **和樂且耽**이로다 **宜爾室家**하며 **樂爾妻帑**라하여늘
시왈 처자호합 여고슬금 형제기흡 화락차탐 의이실가 낙이처노

자의 ㅇ鼓-북 고. (악기를) 타다. ㅇ瑟-비파 슬. ㅇ琴-거문고 금. ㅇ翕-합할 흡, 모을 흡. ㅇ耽-즐길 탐. ㅇ宜-마땅할 의. ㅇ宜家-부부가 화목하다. ㅇ帑-처자 노, 나라곳집 탕.

국역 《시경》에 이르기를 부부, 자녀가 잘 화합하여 비파와 거문고를 타는 것 같으며, 형제들이 이미 다 모여 화목하고 즐겁고 또 즐겁도다. 너의 부부가 화목하며, 너의 처자들을 즐겁게 하리라 하였으니,[53)]

주해 53) 詩, 小雅常棣之篇.(시는 《시경》 〈소아편〉 '상체장'이다.)
鼓瑟琴, 和也. 翕, 亦合也. 耽, 亦樂也. 帑, 子孫也.(슬금을 탄다는 것은 화목이다. 흡은 역시 화합이다. 탐은 역시 즐거움이다. 노는 자손이다.)

해설 여기서는 《시경》의 〈소아편〉 '상체장'을 인용하여, 가족

관리의 방법론을 제시하고 있다. 즉 먼저 부부와 자녀가 화합하고, 다음으로 형제와 사이좋게 지내면, 그 결과 온 집안이 화목하고 처자들도 즐겁게 지내게 된다는 것이다. 이처럼 중용의 도는 먼 데 있는 것이 아니라, 항상 가까운 곳으로부터 지켜 나가야 한다는 것이다.

15-3. 자왈. 부모는 아마 뜻대로 될 거야

원문 子曰 父母 其順矣乎신저하시니라
자 왈 부 모 기 순 의 호

자의 ㅇ其–그 기, 아마 기, 진실로 기. ㅇ順–순할 순. 맞다, 뜻대로 되다. ㅇ矣乎–감탄종결조사.

국역 공자께서 말씀하셨다. 부모는 아마 뜻에 맞을 거야![54] [55]

주해 54) 夫子誦此詩而讚之曰：人能和於妻子, 宜於兄弟如此, 則父母其安樂之矣.(선생님께서 이 시를 암송하고 칭찬의 말씀을 하셨다. 사람이 능히 부부와 자식으로부터 화합하고, 형제로부터도 이와 같이 화합하면 부모는 아마 편안하고 즐거울 거야!)
子思引詩及此語, 以明行遠自邇, 登高自卑之意.(자사께서 시와 이 말씀을 인용한 것은, 먼 곳에 가려면 가까운 데서부터 출발하고, 높은 곳에 오르려면 낮은 곳에서부터 출발해야 한다는 뜻을 밝히기 위해서이다.)
55) 右, 第十五章.(우[위]는 제15장이다.)

해설 부부와 자녀, 형제 등 온 가족이 화목하게 지내면, 부모는 마음이 편안하고 즐겁다. 이렇게 살아가는 것이, 바로 중용의 도를 걷는 것이다.

제16장 귀신의 공덕

16-1. 자왈. 귀신의 덕됨이야말로

원문 子曰 鬼神之爲德이 其盛矣乎인저
자 왈 귀 신 지 위 덕 기 성 의 호

자의 ○鬼－귀신 귀. 음령(陰靈), 잡신. ○神－귀신 신, 정귀 신. 양령(陽靈), 정신(正神). ○盛－성할 성. 크다, 강렬하다, 깊고 두텁다.

국역 공자께서 말씀하셨다. 귀신의 덕됨이야말로 그것은 아마 성대하기도 하도다.[56]

주해 56) 程子曰 : 鬼神, 天地之功用, 而造化之迹也.(정자가 말씀하셨다. 귀신은 천지의 작용이요, 조화의 자취이다.)
張子曰, 鬼神者, 二氣之良能也.(장자가 말하였다. 귀신은 두 기운의 본래 능력이다.)
愚謂以二氣言, 則鬼者, 陰之靈也. 神者, 陽之靈也. 以一氣言, 則至而伸者爲神, 反而歸者爲鬼, 其實一物而已.(내 생각에는, 두 기운으로써 말하면, 귀는 음의 정령이요, 신은 양의 정령이다. 한 기운으로써 말하면 여기에 이르러 펴진 것은 신이요, 반대로 돌아가 모인 것은 귀이니, 그 실제는 하나의 물건일 뿐이다.)
爲德, 猶言性情功效.(덕됨은 오히려 성정과 효과를 말한 것이다.)

해설 여기서는 천지조화의 공덕의 위대함을 들어 중용의 도를 밝히고 있다. 그런데 이 장은 소위 귀신장(鬼神章)으로 중용에서 수장(首章)과 더불어 매우 중요하게 여긴다. 유학(儒學)이 유신론·무신론의 어디를 지향하는지를 가늠할 수 있기 때문이다.

공자는 《논어》 〈선진편〉 11-11에서 '아직 사람도 잘 섬길 수 없으면서 어찌 능히 귀신을 섬길 수 있으리오'라고 하였고, 또 〈옹야편〉 6-20에서 '귀신을 공경하되 멀리한다면 참으로 지혜롭다고 할 것이다'고 하였으며, 또 〈술이편〉 7-34에서 기도하기를 청했을 적에 '그런 이치도 있느냐?'고 하였는데, 이것으로 보아 매우 소극적이라 할 것이다. 공자 이후에도 주해에서 보듯이 정자(程子), 장자(張子 : 張載, 横渠), 주자(朱子) 등도 귀신을 음양의 작용으로 보고 있다. 은미한 것의 극치인 귀신으로써 중용의 도를 비유적으로 설명하려 한 것으로 보인다.

16-2. 귀신을 보려고 해도 보이지 아니하며

원문 視之而弗見하며 聽之而弗聞이로되 體物而不可遺니라
시지이불견 청지이불문 체물이불가유

자의 ㅇ弗-아닐 불. ㅇ遺-남을 유, 잃을 유, 버릴 유.

국역 귀신의 모습을 보려고 해도 보이지 아니하며, 귀신의 소리를 들으려고 해도 들리지 아니하되, 만물의 주체가 되

어서 버릴 수가 없느니라.[57]

주해 57) 鬼神, 無形與聲. 然, 物之終始, 莫非陰陽合散之所爲, 是其爲物之體而物之所不能遺也. 其言體物, 猶易所謂幹事.(귀신은 형체와 소리가 없다. 그러나 만물의 종말과 시작은 음양 합산의 하는 바가 아님이 없으니, 바로 그것이 만물의 본체가 되어 만물에 빠질 수 없는 것이기 때문이다. 아마 만물의 본체라고 말한 것은《주역》〔건괘 문언전〕에 이른바 '일을 주간할 수 있다'는 말과 같다.)

해설 여기서는 천지신명의 은미함을 '시지=불견, 청지=불문'으로써 대조적으로 설명하고 있다. 귀신, 즉 음양은 천지 만물에 들어 있지 아니한 데가 없고, 만물의 주체이나 거기에 남아서 보여줄 수가 없는 것이다. 중용의 도 역시 은미하여 보여줄 수가 없으나 만물에 적용되지 아니한 곳이 없다. 따라서 귀신을 빌어 중용의 은미함을 설명하려 하였다고 생각된다.

16-3. 천하의 사람들로 하여금

원문 使天下之人으로 齊明盛服하여 以承祭祀하고 洋洋
사천하지인 재명성복 이승제사 양양

乎如在其上하며 如在其左右니라
호여재기상 여재기좌우

자의 ㅇ使－부릴 사, 하여금 사, 사신 사. ㅇ齊－재계할 재, 가지런할 제. ㅇ齊明－바르고 밝음. ㅇ盛服－성장(盛裝)한 의복. ㅇ承－받들 승, 이을 승. ㅇ洋洋－광대한 모양, 물이 세차게 흐르는 모양.

국역 천하의 사람들로 하여금 정신을 바르고 밝게 통일하고, 몸을 깨끗이 하고, 성복을 입고, 제사를 받들도록 함으로써 큰 바다에 출렁이는 물결이 마치 그 머리 위에 있는 것 같으며, 그 좌우에 있는 것 같으니라.[58]

주해 58) 齊之爲言, 齊也, 所以齊不齊而致其齊也.(재를 한다는 말은 가지런히 함이니, 가지런하지 못한 것을 가지런히하기 위한 것이며 그것이 가지런하도록 지극히 하는 것이다.)

明, 猶潔也. 洋洋, 流動充滿之意. 能使人畏敬奉承而發見昭著如此, 乃其體物而不可遺之驗也.(명은 깨끗함과 같다. 양양은 유동하고 충만하다는 뜻이다. 능히 사람들로 하여금 두려워하고 공경하고 명을 받들어 현저함이 이와 같으니 이에 그것은 만물의 주체이며 버릴 수 없음의 징험이다.)

孔子曰 : 其氣發揚于上, 爲昭明焄蒿悽愴, 此, 百物之精也. 神之著也, 正謂此爾.(공자께서 말씀하셨다. 그 기운이 위에서 발양하므로, 쑥향기가 올라가 신령의 기가 사람을 엄습함이 명백히 된다 하였으니, 이것이 온갖 물건의 정수요, 귀신의 드러남이라 하셨으니 바로 이것을 이른 것이다.)

해설 여기서는 귀신이 출현할 분위기를, 제사를 준비하고 지내는 것에서 비유하여 말한다. 최고의 성심으로써 제사를 받들면 신(神)이 머리 위 공중은 물론 좌우에도 마치 강림한 듯하다는 것이다. 그렇다면 중용의 도 또한 우리의 머리 위나 좌우에 가득하여 만물 만사에 존재하는 것이라 생각할 수 있다.

16-4. 《시경》에 이르기를 신의 강림은 헤아려 알 수 없거늘

원문 詩曰 神之格思를 不可度思온 矧可射思아
시왈 신지격사 불가탁사 신가역사

자의 o格-이를 격. o思-어조사. o格思-강림함. o度-헤아릴 탁. o不可度思-헤아릴 수 없음. o矧-하물며 신. o射-싫어할 역, 쏠 사, 맞힐 석.

국역 《시경》에 이르기를, 신의 강림은 헤아려 알 수가 없거늘, 하물며 싫어할 수 있으랴![59]

주해 59) 詩, 大雅抑之篇. 格, 來也. 矧, 況也. 射, 厭也, 言厭怠而不敬也. 思, 語辭.(시는 《시경》〈대아편〉'억장'이다. 격은 오는 것이며, 신은 하물며이다. 역[射]은 싫어함이니, 싫어하고 태만하여 공경하지 않음을 말한다. 사는 어조사이다.)

해설 여기서는 《시경》의 〈대아편〉'억장'을 들어 내가 모른다고 해서 있는 것을 무시해서는 아니됨을 말하고 있다. 즉 존재는 은미하나 그 작용이 뚜렷한 신명을 무시할 수 없듯이, 중용의 도 역시 은미하다고 하여 부인하여서는 아니될 것이다.

16-5. 대저 은미한 것이 나타나는 것이니

원문 夫微之顯이니 誠之不可揜이 如此夫인져
부미지현 성지불가엄 여차부

자의 ㅇ誠-정성 성. 현상을 있게 하는 근본적 동인(動因). ㅇ揜-가릴 엄.

국역 대저 은미한 것이 나타나는 것이니, 정성을 다하면 가리워질 수 없는 것이니, 이(중용지도)와 같음인져![60] [61]

주해 60) 誠者, 眞實無妄之謂. 陰陽合散, 無非實者. 故, 其發見之不可揜, 如此.(성은 진실하여 망령됨이 없는 것을 이르는 것이다. 음양의 합산은 진실 아닌 것이 없다. 그러므로 그 발현은 가리워질 수 없음이 이와 같다.)

61) 右, 第十六章.(우[위]는 제16장이다.)
不見不聞, 隱也. 體物如在, 則亦費矣. 此前三章, 以其費之小者而言. 此後三章, 以其費之大者而言. 此一章, 兼費隱包大小而言.(보이지 않고, 들리지 않으니 은이요, 만물의 본체와 같이 존재하면 역시 비이다. 이 앞의 3장은 그 비의 작은 것을 가지고 말한 것이다. 이 뒤의 3장은 그 비의 큰 것을 가지고 말한 것이다. 이 1장은 비은을 겸하고 대소를 포괄하여 말한 것이다.)

해설 신명이나 중용의 도가 은미하여 사람이 비록 그 존재를 보거나 들을 수는 없지만, 그 덕이 이루어 내는 작용은 위대한 것이니 사람이 잠시라도 이 중용의 도에서 떠날 수 없는 것이다.

제17장 덕성 수양과 천명

17-1. 자왈. 순임금은 아마 위대한 효자였나 보다

원문 子曰 舜은 其大孝也與신저 德爲聖人이시고 尊爲天子시고 富有四海之內하사 宗廟饗之하시며 子孫保之하시니라
(자왈 순 기대효야여 덕위성인 존위천자 부유사해지내 종묘향지 자손보지)

자의 ㅇ舜-순임금 순. ㅇ與-어조사 여. ㅇ四海-온 천하, 세계. ㅇ廟-사당 묘. ㅇ饗-대접할 향, 누릴 향. 제사지내다, 누리다.

국역 공자께서 말씀하셨다. 순임금은 아마 위대한 효자였나 보다! 덕됨은 성인이시고, 존귀하기로는 천자이시고, 부유하기로는 사해의 안을 소유하시어, 사당을 지어 그를 제향드리고 있으며, 자손들이 그를 보호하고 있느니라.[62]

주해 62) 子孫, 謂虞思陳胡公之屬.(자손은 우사[虞思]와 진호공[陳胡公]의 등속을 이른다.)

해설 순에게는 성품이 완악한 아버지 고수(瞽瞍)와 계모, 이

복동생 상(象)이 있었다. 이들은 순을 여러번 죽이려 했으나 순은 그들을 조금도 원망하지 않고, 오히려 효도를 지극히 하였다. 이런 효성이 요임금에게까지 알려져 그에게 제위가 선위(禪位)되었다. 따라서 효를 따르는 자에게는 덕(德)·존(尊)·부(富)가 부여되며, 사후에도 자손들이 사당을 지어 제향을 드리고 보호하게 된다. 효도를 신체발부(身體髮膚)는 훼손하지 않는 것이 그 시단(始端)이고, 입신출세(立身出世)가 그 종단(終端)이라는 시각에서 볼 때, 순은 일상에서 큰 효를 실행하였으며, 그것이 바로 중용의 도에 합치한다는 것이다.

17-2. 그러므로 대덕은 반드시 그 지위를 얻으며

원문 故로 大德은 必得其位하며 必得其祿하며 必得其名하며 必得其壽니라
고 대덕 필득기위 필득기록 필득기명 필득기수

자의 ㅇ位－지위, 작위. ㅇ祿－봉록, 봉급. ㅇ必得－반드시 달성할 수 있다.

국역 그러므로 대덕은 반드시 그 지위를 얻으며, 반드시 그 작록을 얻으며, 반드시 그 이름을 얻으며, 반드시 그 수를 얻느니라.[63]

주해 63) 舜, 年百有十歲.(순임금은 연세가 110세였다.)

해설 여기서 주목되는 바는 필득(必得)이란 말을 네 번이나 반복 사용하여 단정적으로 보장한 점이다. 중용을 지키는 대덕자는 지위, 작록, 명예, 수명을 틀림없이 누리게 된다는 것이다.

17-3. 그러므로 하늘이 만물을 낳을 적에는

원문 故로 天之生物이 必因其材而篤焉하나니 故로 栽者를 培之하고 傾者를 覆之니라
(고 천지생물 필인기재이독언 고 재자 배지 경자 복지)

자의 ㅇ篤－독실할 독. 후하고 박한 것. ㅇ栽－심을 재. ㅇ傾－기울 경. ㅇ覆－엎을 복.

국역 그러므로 하늘이 만물을 낳을 적에는 반드시 그 재질에 따라 후(厚)하게도 박(薄)하게도 하나니, 그러므로 심어서 잘 가꾸는 자를 북돋아주고, 기울어지는 자를 엎어버리는 것이니라.[64)]

주해 64) 材, 質也. 篤, 厚也. 栽, 植也. 氣至而滋息, 爲培. 氣反而遊散則覆.(재는 재질이다. 독은 두터움이다. 재는 심는 것이다. 기운이 이르러 불어나는 것을 배라 하며, 기운이 반대로 흩어지면 복이라 한다.)

해설 자연의 섭리에 따라 태어난 만물이라 하더라도 제대로

심겨진 것은 그 재질에 상응한 보호를 받아 번영하게 하지만, 그렇지 못한 것에는 오히려 재앙을 내린다는 것이다. 그렇게 함으로써 자연질서의 중심을 유지하고자 하는 것이 자연의 큰 작용이며 그것이 곧, 중용의 도라는 것이다.

17-4. 《시경》에 이르기를 아름답고 즐거우신 군자여

원문 **詩曰** **嘉樂君子**여 **憲憲令德**이로다 **宜民宜人**이라
시 왈 가 락 군 자 헌 헌 영 덕 의 민 의 인

受祿于天이어늘 **保佑命之**하시고 **自天申之**라하니
수 록 우 천 보 우 명 지 자 천 신 지

자의 ㅇ嘉－좋을 가. ㅇ憲憲－기뻐하는 모양, 환한 모양. ㅇ令德－미덕. ㅇ之－군자. ㅇ自－부터 자. ㅇ申－거듭 신.

국역 《시경》에 이르기를, 아름답고 즐거우신 군자여! 환히 밝히신 훌륭한 덕이로다. 백성들에게 마땅하게 하며, 사람들에게 올바르게 함이로다. 하늘에서 작록을 받거늘 하늘이 보우하여 천명을 내리시고, 하늘로부터 거듭 받았느니라고 하였다.[65]

주해 65) 詩, 大雅假樂之篇.(시는 《시경》 〈대아편〉 '가락장'이다.)
假, 當依此作嘉. 憲, 當依詩作顯.(가는 당연히 이것에 의거하여 가[嘉]가 되어야 한다. 헌은 당연히 《시경》에 의거하여 현[顯]이 되어야 한다.)
申, 重也.(신은 거듭이다.)

해설 《시경》의 〈대아편〉 '가락장'을 인용하여, 제대로 식재된 것은 북돋움을 받아서 큰 재목으로 성장하듯이, 훌륭한 덕을 지닌 군자 역시 하늘의 보우로써 그의 천품을 발휘하는데, 그것 역시 하늘의 뚜렷한 작용이며, 중용의 도도 이와 같다는 것이다.

17-5. 그러므로 대덕자는

원문 **故**로 **大德者**는 **必受命**이니라
고 대덕자 필수명

자의 ㅇ受命－천명을 받다.

국역 그러므로 대덕자는 반드시 천명을 받느니라.[66] [67]

주해 66) 受命者, 受天命爲天子也.(천명을 받는다는 것은, 천명을 받아 천자가 됨을 이른다.)

67) 右, 第十七章.(우[위]는 제17장이다.)
此, 由庸行之常, 推之以極其至, 見道之用廣也, 而其所以然者, 則爲體微矣.(이것은 중용의 행위가 떳떳하기 때문에, 그것을 미루어 거기에 이르기까지 지극히 함으로써, 도리의 활용이 넓게 나타나는 것이니, 아마 그렇게 된 까닭은, 곧 본체가 은미하기 때문이다.)
後二章亦此意.(후2장 역시 이런 의미이다.)

해설 그렇기 때문에 대덕자는 반드시 하늘로부터 명령을 받아 천자의 지위에 나아가는 것이다. 그것이 바로 중용의 도가 은미하나 작용은 이렇게 크게 나타난다는 것이다.

제18장 조부와 손자의 연대

18-1. 자왈. 근심이 없는 자는

원문 子曰 無憂者는 其惟文王乎신저 以王季爲父하시고
자왈 무우자 기유문왕호 이왕계위부

以武王爲子하시니 父作之어시늘 子述之하시니라
이무왕위자 부작지 자술지

자의 ㅇ憂-근심 우. ㅇ惟-오직 유. 다만, 그러나. ㅇ之-왕업. ㅇ述-말할 술. 좇다, 따르다.

국역 공자께서 말씀하셨다. 근심이 없는 자는 아마 오직 문왕이실 거야! 왕계로써 아버지를 삼고, 무왕으로써 아들을 삼으시니, 아버지는 왕업을 시작하고, 아들은 왕업을 이었느니라.[68)]

주해 68) 此, 言文王之事. 書, 言王季其勤王家, 蓋其所作, 亦積功累仁之事也.(이것은 문왕의 일을 말한 것이다. 《서경》 〈무성〉에 '왕계가 그 왕가에 부지런하였다'는 말은, 대개 그가 이룬 것은 역시 공을 쌓고 어진 일을 누적한 것일 것이다.)

해설 여기서는 주나라 왕업의 성취과정을 말하였다. 주는 후직(后稷)의 자손으로 고공단보(古公亶父)가 융적(戎狄)을 피해 빈(豳) 땅의 기산(岐山) 아래에서 궁실(宮室)을 일으

킨 데서 발단한다. 그 첫째 태백(泰伯)과 둘째 우중(虞仲, 또는 중옹[仲翁])이 모두 은신하여, 셋째 계력(季歷, 또는 왕계[王季])의 아들인 서백 창(西伯 昌, 뒤의 문왕), 그 아들 무왕인 발(發), 그 아들 성왕으로 계승되었다.

여기서 주목되는 바는 천명을 어긴 천자(은의 주[紂])는 역성혁명으로 바꿀 수 있고, 부조(父祖)의 뜻과 사업을 계승하는 큰 덕에는 천명을 내려 백성을 구하는 왕업을 일으키게 한다는 것이다.

18-2. 무왕이 태왕인 왕계와 문왕의 통서를 이어

원문 武王이 纘大王王季文王之緖하샤 壹戎衣而有天下
무왕 찬태왕왕계문왕지서 일융의이유천하

하시되 身不失天下之顯名하시며 尊爲天子시고 富有四
신불실천하지현명 존위천자 부유사

海之内하사 宗廟饗之하시며 子孫保之하시니라
해지내 종묘향지 자손보지

자의 ㅇ纘－이을 찬. ㅇ緖－실마리 서. ㅇ戎－오랑캐 융. ㅇ戎衣－갑주 등의 군복. ㅇ廟－사당 묘. ㅇ饗－대접할 향, 누릴 향.

국역 무왕이 태왕인 왕계와 문왕의 통서를 이어, 한번 갑옷을 입고 무기를 가지고 천하를 소유하게 되었으되, 자신은 천하에 드러난 명성을 잃지 않으셨고, 존귀함은 천자가 되시고, 부귀함은 사해의 안을 소유하셔서, 종묘에서는 그들

에게 제사를 지내며, 자손들이 그를 보전하였느니라.[69]

주해 69) 此, 言武王之事.(이것은 무왕의 일을 말한 것이다.)

纘, 繼也. 大王, 王季之父也. 書云大王, 肇基王迹, 詩云至于大王, 實始翦商.(찬은 계승함이다. 태왕은 왕계의 아버지(고공단보)이다. 《서경》 〈무성〉에 이르기를 태왕이 비로소 제왕의 기틀을 닦으셨다 하였고, 《시경》 〈노송편〉 '민궁장'에 이르기를 태왕에 이르러, 실제 비로소 상나라를 쳤다고 하였다.)

緖, 業也.(서는 왕업의 단서이다.)

戎衣, 甲胄之屬.(융의는 갑주 등속이다.)

壹戎衣, 武成文, 言壹著戎衣以伐紂也.(한번 융의를 입었다는 것은 《서경》 〈무성〉의 글이니, 한번 융의를 입고 주왕을 정벌한 것을 말한 것이다.)

해설 무왕이 한번 일어나 주(紂)를 쓰러뜨리고, 조상의 큰 덕을 세상에 드러내었고, 자신도 천자의 존귀함을 얻었으며, 나아가 사당을 지어 덕을 기리고, 제향을 드리게 하였으니 이것이 효도이며 중용의 도를 드러낸 것이다. 대효란 훌륭한 부모의 유업을 발전시키고, 후사(後嗣)를 잘 두어 더욱 발전시키는 것이다. 그러나 무왕의 덕은 결코 완전한 것이라 할 수는 없을 것이다.

18-3. 무왕이 말년에야 천명을 받으셨거늘

원문 武王이 末에 受命이어시늘 周公이 成文武之德하사
무왕 말 수명 주공 성문무지덕

追王大王王季하시고 **上祀先公以天子之禮**하시니 **斯禮**
추왕태왕왕계 상사선공이천자지례 사례

也 達乎諸侯 大夫及士庶人하여 **父爲大夫**요 **子爲士**
야 달호제후 대부급사서인 부위대부 자위사

어든 **葬以大夫**하고 **祭以士**하며 **父爲士**요 **子爲大夫**어든
장이대부 제이사 부위사 자위대부

葬以士하고 **祭以大夫**하며 **期之喪**은 **達乎大夫**하고 **三**
장이사 제이대부 기지상 달호대부 삼

年之喪은 **達乎天子**하니 **父母之喪**은 **無貴賤一也**니라
년지상 달호천자 부모지상 무귀천일야

(자의) ㅇ追-쫓을 추. ㅇ斯-이 사, 어조사 사. 이것, 여기, 곧, 이에 그래서. ㅇ庶-많을 서. 대체로, 거의.

(국역) 무왕이 말년(90세)에야 천명을 받으셨거늘, 주공 단(旦)이 문왕·무왕의 덕업을 완수하여, 태왕과 왕계를 추존하여 왕으로 높이시고, 위로는 선조들에게 천자의 예로써 제사를 드리니, 이 예가 제후, 대부, 선비와 서민에게 도달하였다. 만일 아버지가 대부이고 아들이 선비라면, 대부의 예로써 장사를 치르고, 선비의 예로써 제사를 지낸다. 만일 아버지가 선비요 아들이 대부라면 선비의 예로써 장사를 치르고, 대부의 예로써 제사를 지낸다. 기년상은 대부까지만 통용하고, 삼년상은 천자에게 이르게 하니, 부모상은 귀천의 구별 없이 한가지이다.[70] [71]

주해 70) 此, 言周公之事. 末, 猶老也. 追王, 蓋推文武之意, 以及乎王迹之所起也.(이것은 주공의 일을 말한 것이다. 말은 노년과 같다. 추왕은 대개 문왕・무왕의 뜻을 미루어 왕업의 흔적이 일어난 곳까지 파급시키기 위한 것이다.)

先公, 組紺以上至后稷也.(선공은 조감 이상으로부터 후직까지이다.)

上祀先公以天子之禮, 又推大王王季之意, 以及於無窮也.(위로 선공들에게 천자의 예로써 제사한 것은 또 태왕 왕계의 뜻을 미루어 무궁한 선대에까지 파급하기 위한 것이다.)

制爲禮法, 以及天下, 使葬用死者之爵, 祭用生者之祿, 喪服, 自期以下, 諸侯絶, 大夫降, 而父母之喪, 上下同之, 推己以及人也.(예법을 제정하여 천하에 미치게 함으로써 가령[使] 장례는 죽은 자의 관작을 사용하고, 제례는 산 자의 작록을 사용하게 하였으며, 상복[상기]은 기년으로부터 이하에는, 제후는 통과하고[絶], 대부는 줄였는데, 부모의 상은 상하가 동일하다. 자기를 미루어 남에게 미치게 하기 위한 것이다.)

71) 右, 第十八章.(우[위]는 제18장이다.)

해설 여기서는 문왕의 아들이며, 무왕의 동생이며, 성왕의 숙부인 주공 단(旦)의 일을 들어 효와 중용의 도를 설명하고 있다. 그는 3왕을 보필하여 왕업을 완수하고, 원조(遠祖)에게 천자의 예로 제사를 드리게 하였다. 주공이 만든 예가 천자로부터 서민에게까지 미쳤다. 그러므로 주공은 왕실의 근본을 세웠으며, 주(周) 문화를 열었으며, 공자께서 가장 존경하는 인물 중 하나이기도 한 것이다.

제19장 주공의 제사 예법

19-1. 자왈. 무왕과 주공은

(원문) 子曰 武王周公은 其達孝矣乎신저
자왈 무왕주공 기달효의호

(자의) ㅇ達－달통야(達通也), 모두 알아주는. ㅇ矣－어조사 의. 완료의 어기(語氣), 감탄의 어기, 결정・판단의 어기를 나타냄.

(국역) 공자께서 말씀하셨다. 무왕과 주공은 아마 세상사람들이 알아주는 효자일 거야![72]

(주해) 72) 達, 通也. 承上章而言, 武王周公之孝, 乃天下之人, 通謂之孝, 猶孟子之言達尊也.(달은 공통이다. 윗문장에 이어 무왕・주공의 효는, 이에 천하의 사람들이 모두 효자라고 이른 것을 말한 것이니, 맹자가 달존이라고 말한 것과 같다.)

(해설) 무왕과 주공은 세상사람들이 알아주는 효자이다. 그것은 그들이 태왕과 왕계와 문왕의 뜻을 계승하고 부조(父祖)의 사업을 이어서 발전시켰으니 그런 행위는 효도의 전형으로써 온 세상에 통하게 되었고 사람들이 알아주게 되었다. 이 달효(達孝)는 순임금의 대효(大孝)에는 미치지 못하는 단계라 할 것이다.

19-2. 대체로 효도라는 것은

원문 夫孝者는 善繼人之志하며 善述人之事者也라
부효자 선계인지지 선술인지사자야

자의 ㅇ善－잘할 선. ㅇ志－뜻 지. 의도. ㅇ述－이을 술. ㅇ事－사업, 유사(遺事).

국역 대체로 효도라는 것은 선인(先人)의 뜻을 잘 계승하는 것이며, 선인의 사업을 잘 이어 완성해 내는 것이니라.[73]

주해 73) 上章, 言武王纘大王王季文王之緖, 以有天下, 而周公成文武之德, 以追崇其先祖, 此, 繼志述事之大者也.(상장에서는 무왕이 태왕 왕계와 문왕의 통서를 이어, 그리고[以] 천하를 소유하였으며, 주공이 문왕·무왕의 덕을 이루어, 그리고 그 선조들을 추존한 것을 말하였다. 이것은 뜻을 계승하고 사업을 이은 것의 큰 것이다.) 下文, 又以其所制祭祀之禮通于上下者, 言之.(아랫글은 또 그가 제정한 바 제사의 예가 상하에 통용되는 것으로써 그것을 말하였다.)

해설 여기서는 무왕과 주공의 효도를 달효(達孝)라고 하는 까닭을 말하고 있다. 어버이의 뜻을 계승하고 사업을 이었으니[繼志述事], 천하에 통하였고, 세상사람들이 알아주게 되었기 때문이다. 유교의 효도는 《논어》〈태백편〉 8-3, 〈학이편〉 1-11에 잘 드러나 있다.

19-3. 봄·가을에는 그 조상의 사당을 수리하며

원문 春秋에 修其祖廟하며 陳其宗器하며 設其裳衣하며
춘추 수기조묘 진기종기 설기상의

薦其時食이니라
천기시식

자의 ㅇ祖廟－조상의 사당. ㅇ陳－늘어놓을 진. ㅇ宗器－선대 소장의 소중한 예악 기물. ㅇ裳－아랫도리옷 상. ㅇ薦－드릴 천. ㅇ時食－그 계절의 음식.

국역 봄·가을에는 그 조상의 사당을 수리하며, 그 종기를 진열하며, 그 의상을 펴놓으며, 그 계절의 음식을 드린다.[74)]

주해 74) 祖廟, 天子七, 諸侯五, 大夫三, 適士二, 官師一.(선조의 사당은, 천자는 7묘요, 제후는 5묘요, 대부는 3묘요, 적사[元士]는 2묘요, 관사[有司]는 1묘이다.)
宗器, 先世所藏之重器, 若周之赤刀, 大訓, 天球, 河圖之屬也.(종기는 선대로부터 소장해 오는 중요한 기물이니, 예컨대, 주의 적도, 대훈, 천구, 하도와 같은 등속이다.)
裳衣, 先祖之遺衣服, 祭則設之以授尸也.(상의는 선조가 남긴 의복이니, 제사 때에는 시동에게 입혀주기 위해 이것을 펼쳐놓는다.)
時食, 四時之食, 各有其物, 如春行羔豚膳膏香之類, 是也.(시식은 4계절의 음식으로 각기 그 때에 맞는 음식물이 있으니, 마치 봄철에 염소와 돼지는 기름과 향료를 써서[行] 요리하는 등속이, 이것이다.)

해설 여기서는 선조들의 유지를 잊지 않고 실천하는 효도의 구체적 사례를 들고 있다. 즉 그들의 혼(魂)을 모신 사당을 수리하고, 그들이 평소 소중하게 다루던 기물(器物)을 진열하며, 선대의 의상을 시동(尸童)에게 입혀 생시처럼 세워놓고, 좋아하던 계절의 음식으로써 제향을 드리는 것 등이다.

19-4. 종묘의 예는 소목에 순서를 매기기 위한 것이요

원문 宗廟之禮는 所以序昭穆也요 序爵은 所以辨貴賤
종묘지례 소이서소목야 서작 소이변귀천

也요 序事는 所以辨賢也요 旅酬에 下爲上은 所以逮
야 서사 소이변현야 여수 하위상 소이체

賤也요 燕毛는 所以序齒也니라
천야 연모 소이서치야

자의 ㅇ昭穆—종묘에 신주를 모시는 차례. 예컨대 천자는 중앙에, 태조를 그 왼편[昭]에 2, 4, 6세를, 그 우측[穆]에 3, 5, 7세를 각각 모신다. ㅇ爵—벼슬 작. ㅇ辨—분별할 별. ㅇ旅—무리 려. ㅇ酬—권할 수. ㅇ逮—미칠 체. ㅇ燕—잔치 연. ㅇ齒—이 치. 사람의 연령, 언급하다.

국역 종묘의 예는 소목에 순서를 매기기 위한 것이요, 관작의 차례는 귀천을 판별하기 위한 것이요, 일을 차례로 시키는 것은 현명을 판별하기 위한 것이요, 여럿이 술잔을 주고받는 것은 아랫사람이 윗사람을 위함이 천한 자에게

도 미치게 하기 위한 것이요, 연모는 나이순으로 좌석을 정하기 위한 것이니라.[75)]

주해 75) 宗廟之次, 左爲昭, 右爲穆, 而子孫亦以爲序. 有事於太廟, 則子姓兄弟群昭群穆, 咸在而不失其倫焉.(종묘의 차례는 좌가 소가 되고, 우가 목이 되는데, 자손 역시 순서로 여긴다. 태묘에 제사가 있으면, 자성[자손]과 형제 중에 여러 소와 여러 목이 모두 있으나 그 차례를 잃지 않는다.)

爵, 公侯卿大夫也.(작은 공・후・경・대부이다.)

事, 宗祝有司之職事也.(사는 종축과 유사가 맡은 일이다.)

旅, 衆也. 酬, 導飮也, 旅酬之禮, 賓弟子, 兄弟之子, 各擧觶於其長而衆相酬, 蓋宗廟之中, 以有事爲榮.(여는 무리이다. 수는 인도해 마시는 것이다. 여수의 예는 빈객의 아우와 아들, 형제의 아들들이 각기 술잔을 어른들에게 들어올리고 여럿이 술을 권하니, 대개 종묘의 안에서는 일을 맡는 것을 가지고 영광으로 여긴다.)

故, 逮及賤者, 使亦得以申其敬也.(그러므로 천한 자에게까지 미쳐 가령 역시 공경을 펴도록 하는 것이다.)

燕毛, 祭畢而燕, 則以毛髮之色, 別長幼, 爲坐次也.(연모는 제사를 마치고 잔치를 하게 되면 모발의 색을 가지고 장유를 구별하여 좌석의 차례를 삼는다.)

齒, 年數也.(치는 나이 수이다.)

해설 종묘의 제례를 들어 중용의 도를 말하고 있다. 따라서 소목(昭穆), 서작(序爵), 서사(序事), 여수(旅酬), 연모(燕毛) 등의 핵심적 예를 잘 지켜 행하는 자는 현자(賢者)이며, 천하도 잘 다스릴 수 있다는 것이다. 그것들 자체에 중용의 도가 구현되어 있다고 보는 것이다. 공자께서도 태묘에 제사지내러 가서 일마다 물었으며, 묻는 것이 바로 예라고 한 바가 있다(《논어》 〈팔일편〉 3-15).

19-5. 그의 자리에 나아가 그가 행하던 예대로 행하며

원문 踐其位하여 行其禮하며 奏其樂하며 敬其所尊하며
천기위 행기례 주기악 경기소존

愛其所親하며 事死如事生하며 事亡如事存이 孝之至
애기소친 사사여사생 사망여사존 효지지

也니라
야

자의 ㅇ其－선왕의 자리. ㅇ奏－아뢸 주, 상소 주. ㅇ事－섬길 사. ㅇ亡－있다가 없는 것.

국역 그의 자리에 나아가 그가 행하던 예대로 행하며, 그가 연주하던 음악을 연주하며, 그가 존경하던 바를 존경하고, 그가 친애하던 것을 사랑하며, 죽은 이를 섬기기를 산 자를 섬기듯이 하고, 없는 이를 섬기기를 생존한 이를 섬기듯이 하는 것이 효의 지극함이니라.[76]

주해 76) 踐, 猶履也. 其, 指先王也. 所尊所親, 先王之祖考子孫臣庶也.(천은 이와 같다. 기는 선왕을 가리킨다. 높이는 바와 친애하는 바는 선왕의 조고와 자손과 신하와 서민들이다.)
始死, 謂之死. 旣葬則曰反而亡焉, 皆指先王也.(처음 죽은 것은 사[死]라 하고, 이미 장사하면 돌아가 없어졌다고 하니 모두 선

왕을 가리킨다.)

此, 結上文兩節, 皆繼志述事之意也.(이것은 상문의 양절을 맺는 것이니, 모두 뜻을 계승하고 사업을 잇는다는 뜻이다.)

해설 종묘에서 제사를 지낼 적에 선왕의 뜻을 이어 받들기를 살아계실 때처럼 지성껏 하는 것이 곧 효도의 지극함이라는 것이다. 공자께서 제사에 임하는 태도 역시 이러하였다(《논어》〈팔일편〉 3-12). 지성으로 효도를 하는 것이 중용의 도로 가는 길이기 때문이다.

19-6. 교제와 사직제의 예법은

원문 郊社之禮는 所以事上帝也요 宗廟之禮는 所以祀乎其先也니 明乎郊社之禮와 禘嘗之義면 治國은 其如示諸掌乎인저

교사지례 소이사상제야 종묘지례 소이사호기선야 명호교사지례 체상지의 치국 기여시저장호

자의 ㅇ郊－성밖 교. ㅇ郊社－하늘과 땅에 제사지내다. ㅇ祀－제사지낼 사. ㅇ禘－큰 제사 체. ㅇ嘗－맛볼 상. 가을 제사의 다른 이름. ㅇ掌－손바닥 장, 맡을 장.

국역 교제와 사직제의 예법은 상제와 지신을 섬기기 위한 제사요, 종묘제의 예법은 그 선조들에게 제사를 지내기 위한 것이니, 교제와 사직제의 예법과 체제와 상제의 예법의

뜻에 밝으면, 치국은 아마 그 손바닥을 들여다보는 것과 같을 것이다.[77] [78]

주해 77) 郊, 祭天. 社, 祭地. 不言后土者, 省文也.(교는 하늘에 제사하는 것이요, 사는 땅에 제사하는 것이니, 후토[后土]를 말하지 않는 것은 글을 생략한 것이기 때문이다.)

禘, 天子宗廟之大祭, 追祭太祖之所自出於太廟, 而以太祖配之也.(체는 천자가 종묘에 지내는 큰 제사이니, 태묘에서 태조로부터 다른 분들에게 추제를 지내려고, 태조로써 배향한 것이다.)

嘗, 秋祭也, 四時皆祭, 擧其一耳.(상은 가을 제사이니, 사시에 모두 제사를 하는데 그 하나를 들었을 뿐이다.)

禮必有義, 對擧之, 互文也.(예는 반드시 의식의 의미를 가지되, 그것을 짝으로 열거하여 글을 호환하기 위함이다.)

示, 與視同, 視諸掌, 言易見也.(시는 시[視]와 같으니, 그 손바닥을 본다는 것은 보기가 쉬움을 말한 것이다.)

此, 與論語文意, 大同小異, 記有詳略耳.(이것은 《논어》의 글뜻과 대동소이하니, 기록함에 상세함과 간략함이 있을 뿐이다.)

78) 右, 第十九章.(우[위]는 제19장이다.)

해설 여기서는 제례의식과 치국을 말하고 있다. 즉 교(郊)는 천자가 매년 동짓달에 도성의 남쪽 교외에 나가 천단(天壇 : 圜丘)을 만들어 하늘에 올리는 제사이며, 사(社)는 매년 천자가 도성의 북쪽 교외에 나가 지단(地壇 : 方丘)을 만들고 토지신에게 올리는 제사로 후토(后土) 또는 사직(社稷)이다. 체(禘)는 천자가 시조를 낳아준 신에게 종묘에서 5년마다 드리는 종묘대제이며, 상(嘗)은 사시개제(四時皆祭)라 하여 춘제[祠], 하제[禴], 추제[嘗], 동제[烝]를 지냈던

것을 말한다. 이러한 제사를 그 예에 맞게 성심껏 모시는 것이, 곧 중용의 도이며, 그런 사람이 수시처중(隨時處中)을 하는 인물이니, 이런 사람이 치자(治者)이면 손바닥을 보고 하듯이 선치(善治)를 할 것이라는 것이다. 이 말은 《논어》〈팔일편〉 3-11에도 나온다.

제20장 성실 총론

20-1. 애공이 정사에 관해 공자께 묻자

원문 哀公이 問政한대
애공 문정

자의 ㅇ哀－슬플 애. ㅇ政－정사 정.

국역 애공이 정사에 관해 공자께 묻자[79]

주해 79) 哀公, 魯君, 名蔣.(애공은 노나라의 군주이다. 이름은 장이다.)

해설 애공(B.C. 495~B.C. 468)은 노나라 25대 제후로 이름은 장(蔣)이며, 정공(定公)에 이어 왕위에 올랐는데, 어진 정치를 펴지 못한 군주이다. 그가 공자께 정치에 관하여 질문한 내용이 다음에 이어진다. 이 20장은 성(誠)을 설명한 것으로 중용 33장 중에서 제일 길어 21절이나 된다.

20-2. 자왈. 주나라의 문왕과 무왕의 정치 행적이

원문 子曰 文武之政이 布在方策하니 其人存이면 則其
자왈 문무지정 포재방책 기인존 즉기
政擧하고 其人亡이면 則其政息이니이다
정거 기인망 즉기정식

자의 ㅇ布－실려 있다, 기록되다. ㅇ方－목판(木版). ㅇ策－죽간(竹簡). ㅇ息－숨쉴 식. 종식.

국역 공자께서 말씀하셨다. 주나라의 문왕과 무왕의 정치 행적이 목판과 죽간에 기록되어 있으니, 그런 사람이 있으면 곧 그런 정치가 행해지고, 그런 사람이 없으면 곧 그런 정치는 종식될 것입니다.[80)]

주해 80) 方, 版也. 策, 簡也. 息, 猶滅也. 有是君, 有是臣, 則有是政矣.(방은 판자요, 책은 죽간이다. 식은 소멸과 같다. 그런 군주[문왕·무왕]가 있고, 그런 신하[주공]가 있으면 그런 정사가 있는 것이다.)

해설 공자의 대답인데, 문왕과 무왕이 베푼 덕치의 전범(典範)은 방(方)과 책(策)에 기록되어 있다. 이런 기록을 보고 덕치를 베풀 사람이 없으면 덕치는 종식되고 만다는 것이다. 즉 정치제도보다는 그 덕치의 전범을 실행하는 치자(治者)의 능력이 중심이라는 말이다.

20-3. 사람이 걸어가야 할 정도는

원문 人道는 敏政하고 地道는 敏樹하니 夫政也者는 蒲盧也니이다
인도 민정 지도 민수 부정야자 포로야

자의 ㅇ敏－민첩할 민. ㅇ蒲－부들 포, 창포 포. ㅇ盧－갈대 로(＝蘆).

국역 사람이 걸어가야 할 정도는 정치에 민감하게 영향을 주고, 땅의 도리는 수목에 민감하게 영향을 주는 것이니, 대저 정치를 한다는 것은 부들이나 갈대와 같이 그 영향을 받는 데로 쓰러지는 것입니다.[81]

주해 81) 敏, 速也.(민은 속함이다.)
蒲盧, 沈括, 以爲蒲葦, 是也.(포로는 심괄이 부들과 갈대라고 하였는데 옳다.)
以人立政, 猶以地種樹, 其成速矣. 而蒲葦, 又易生之物, 其成尤速也.(인재로써 정사를 세움은 땅에 나무를 심는 것과 같아, 그 성취가 신속하고, 부들과 갈대 또한 쉽게 자라는 물건이어서 그 성취가 더욱 신속하다.)
言人存政擧, 其易如此.(사람이 존재하여 정사를 들어올리는 것도, 그 용이함이 이와 같다는 말이다.)

해설 정치를 부들과 갈대에 비유하여 말하고 있다. 하늘의

이치가 발현한 인간의 도리에 따라 정치를 하면 그 정치는 덕치로써 민감하게 성장하고, 땅의 도리가 발현한 곳의 수목이 무성하듯이, 정치 역시 치자(治者)의 덕과 부덕에 민감하게 좌우된다는 것이다. 같은 의미의 말이 《논어》〈안연편〉 12-19에 '초상지풍 필언(草上之風, 必偃)'이라 나와 있다.

20-4. 그러므로 정치를 한다는 것은

원문 故로 爲政在人하니 取人以身이요 修身以道요 修道以仁이니이다
고 위정재인 취인이신 수신이도 수도 이인

자의 ㅇ人-앞의 인(人)은 사람, 뒤의 인(人)은 타인. ㅇ身-몸소, 자기 자신.

국역 그러므로 정치를 한다는 것은 사람에 달려 있으니, 다른 사람을 취하는 데도 자신이 해야 하고, 몸을 수양하는 데도 정도로써 해야 하고, 정도를 닦는 데도 인(仁)으로써 해야 하느니라.[82]

주해 82) 此, 承上文人道敏政而言也.(이것은 상문의 '인도가 정사에 민감하며'에 이어서 말한 것이다.)
爲政在人, 家語, 作爲政在於得人, 語意尤備.('위정이 재인'이라는 것은 《공자가어》에 '정치를 하는 데는 인재를 얻는 데 있다'고 했으니 어의가 더욱 구비되었다.)

人, 謂賢臣.(인은 어진 신하를 이른다.)
身, 指君身.(신은 군주의 몸을 가리킨다.)
道者, 天下之達道. 仁者, 天地生物之心而人得以生者, 所謂元者善之長也.(도는 천하의 달도요, 인은 천지가 만물을 내는 마음씨로, 사람이 살기 위하여 완성해야[得] 하는 것으로, 《주역》 〈건괘 문언전〉에 이른바 원[元]이라는 것은 선이 자라는 것이다라고 하였다.)
言人君爲政, 在於得人. 而取人之則, 又在修身, 能仁其身, 則有君有臣而政無不擧矣.(인군이 정사를 함이, 사람을 얻음에 있고, 사람을 얻는 법칙은 또 그 몸을 닦음에 있고, 능히 그 몸을 어질게 하면, 곧 임금이 있고, 신하가 있어 정사가 들어올려지지 않음이 없다는 말이다.)

해설 여기서는 정(政)→인(人)→신(身)→도(道)→인(仁)으로써 본말을 분명하게 제시하였다. 정치는 사람이 한다. 그런 사람을 얻는 것이 자신이며, 자신을 닦는 것은 도이며, 그 도는 인(仁)으로써 닦아야 한다. 결국 정치는 사람에게 있다. 요(堯)임금에게는 순(舜)이 있었고, 순에게는 우(禹)가 있었으며, 문왕·무왕에게는 주공 단(旦)이 있었으니, 좋은 정치는 좋은 사람을 얻는 데 있는 것이다. 오늘날도 이 도리는 변함이 없을 것이다.

20-5. 인이라는 것은 인간성이니

원문 仁者는 人也니 親親이 爲大하고 義者는 宜也니 尊
인자 인야 친친 위대 의자 의야 존

賢이 **爲大**하니 **親親之殺**와 **尊賢之等**이 **禮所生也**니
현 위대 친친지쇄 존현지등 예소생야

이다

(자의) ㅇ親－친할 친. ㅇ宜－마땅 의. ㅇ殺－덜 쇄. 감쇄. ㅇ尊－높을 존. ㅇ賢－어질 현.

(국역) 인(仁)이라는 것은 인간성이니, 친근한 사람과 친하게 지내는 것이 중요하고, 옳다고 하는 것은 마땅함을 뜻하는 것이니, 어진 사람을 존경하는 것이 중요하다. 친근한 사람과 친하게 지내는 정도의 차이[減殺]와 어진 사람을 존경함에 차등이 있는 것이, 예가 생겨난 까닭인 것이다.[83]

(주해) 83) 人, 指人身而言.(인[人]은 사람의 몸을 가리켜서 말한 것이다.)

具此生理, 自然便有惻怛慈愛之意, 深體味之, 可見.(이런 살아가는 이치를 구비하면, 자연히 곧 슬퍼하고 자애로운 뜻을 가지니, 깊이 그 맛을 체득하면 보고 알 수 있다.)

宜者, 分別事理, 各有所宜也.(의는 사리를 분별하여 각기 가진 것이 마땅한 것이다.)

禮, 則節文斯二者而已.(예는 곧 이 두 가지를 적절히 꾸며 훌륭하게 할[節文] 뿐이니라.)

(해설) 여기의 문장은 인자(仁者)－인야(人也)－친친위대(親親爲大)→친친지쇄(親親之殺), 의자(義者)－의야(宜也)－존현위대(尊賢爲大)→존현지등(尊賢之等)으로써 예(禮)의 발생을

말하고 있다. 즉 친친에도 감쇄가 있고, 존현에도 차등이 있으니, 그런 차등에 맞추어 생각하는 것이 예의 발단이며, 예는 중용의 도의 한 모습이다. 일마다 중심이 같을 수는 없고, 차등이 있으니 차등을 인정하는 것이 중용의 도이다. 이러한 이치를 알고 정치를 하면 중용의 도에도 맞게 된다는 것이다. 맹자는 인(仁)은 인심야(人心也)며, 의(義)는 인로야(人路也)라고 하였다(《맹자》〈고자 상〉 제11장).

20-6. 아래 지위에 있으면서

원문 在下位하여 不獲乎上이면 民不可得而治矣리라
재하위 불획호상 민불가득이치의

자의 ㅇ獲－얻을 획. ㅇ不可得－능히 할 수 없다.

국역 아래 지위에 있으면서 상위자의 신임을 얻지 못한다면 백성을 능히 다스릴 수 없다.[84)]

주해 84) 鄭氏曰 : 此句, 在下, 誤重在此.(정씨[鄭玄]가 말하였다. 이 구절은 아래에 있어야 될 것이, 착오로 중복하여 여기에 있다.)

해설 이 구절은 다음 20-17의 첫머리에도 나온다. 따라서 정현(鄭玄)은 20-17의 것이 잘못되어 여기에 끼어들었다고 보며, 주자도 이 주장에 동의하고 있다.

20-7. 그러므로 군자는

원문 故로 君子는 不可以不修身이니 思修身인댄 不可以
고 군자 불가이불수신 사수신 불가이

不事親이요 思事親인댄 不可以不知人이요 思知人인댄
불사친 사사친 불가이부지인 사지인

不可以不知天이니이다
불가이부지천

자의 ㅇ修身－수신이도(修身以道), 수도이인(修道以仁). ㅇ事－섬길 사, 일 사. ㅇ人－인도, 인간관계. ㅇ天－천도, 순천(順天), 천리.

국역 그러므로 군자는 수신을 아니할 수 없으니, 수신을 생각할진댄 부모 섬기기를 아니할 수 없음이요, 부모 섬기기를 생각할진댄 인도를 알지 아니할 수 없음이요, 인도 알기를 생각할진댄 천도를 알지 아니할 수 없느니라.[85)]

주해 85) 爲政在人, 取人以身.(정치를 함은 인재를 얻음에 있고, 인재를 취함은 몸으로써 한다.)

故, 不可以不修身, 修身以道, 修道以仁.(그러므로 수신을 아니할 수 없음이요, 수신은 정도로써 하고, 수도는 인으로써 한다.)

故, 思修身, 不可以不事親. 欲盡親親之仁, 必由尊賢之義.(그러므로 수신을 생각한다면 어버이를 섬기지 아니할 수 없음이요, 친친지인[親親之仁]을 다하고자 할진댄 반드시 존현지의[尊賢之義]로부터 해야 한다.)

故, 又當知人, 親親之殺, 尊賢之等, 皆天理也. 故, 又當知天.(그러

므로 또 마땅히 인도를 알아야 하는 것이요, 친친지쇄와 존현지등이 모두 천리이다. 그러므로 마땅히 천리를 알아야 한다.)

해설 수신을 하는 까닭을 말하고 있다. 그것은 수신－사친－지인－지천으로 확대된다. 수신은 인(仁)을 체득하는 길인데, 그 인의 근본이 효도에 있으므로 사친을 해야 하고, 그렇게 하자니 사람된 까닭과 인간관계를 알아야 한다. 그 다음으로는 마땅히 천리, 즉 중용의 도를 알 필요가 있는 것이다. 여기서 천인합일(天人合一)사상을 엿볼 수 있다.

20-8. 천하 사람들이 통용하여야 할 도의 다섯 가지

원문 天下之達道五에 所以行之者三이니 曰君臣也와
천하지달도오 소이행지자삼 왈군신야

父子也와 夫婦也와 昆弟也와 朋友之交也 五者는 天
부자야 부부야 곤제야 붕우지교야 오자 천

下之達道也요 知仁勇三者는 天下之達德也니 所以行
하지달도야 지인용삼자 천하지달덕야 소이행

之者는 一也니이다
지자 일야

자의 ○達－통할 달, 이룰 달, 보낼 달. ○達道－어떤 지역이나 경우에도 널리 행하여야 할 도. ○昆－형 곤. ○昆弟－형제. ○交－사귈 교, 합할 교. ○達德－어떤 지역이나 어떤 경우에도 널리 행하여야 할 덕. ○一－성야(誠也).

국역 천하 사람들이 통용하여야 할 도 다섯 가지와, 그 길을 행하기 위한 방법에 세 가지가 있으니, 군신간, 부자간, 부부간, 형제간, 붕우간의 교제를 말한다. 이 다섯은 천하의 사람들이 걸어가야 할 공통된 길이요, 지·인·용, 이 셋은 천하의 사람들이 공통으로 체득하여야 할 덕인 것이다. 이것을(달도 다섯 가지, 달덕 세 가지) 행하기 위한 방법은 한 가지이니라.[86]

주해 86) 達道者, 天下古今所共由之路, 卽書所謂五典.(달도는 천하와 고금에 공통적으로 경유해야 할 길인바, 즉《서경》〈순전〉의 이른바 5전이란 것이요,)

孟子所謂父子有親, 君臣有義, 夫婦有別, 長幼有序, 朋友有信, 是也.(《맹자》의 이른바 부자유친, 군신유의, 부부유별, 장유유서, 붕우유신이 이것이다.)

知, 所以知此也. 仁, 所以體此也. 勇, 所以强此也, 謂之達德者, 天下古今所同得之理也. 一, 則誠而已矣.(지는 그것을 알기 때문이요, 인은 그것을 체득한 때문이요, 용은 그것에 강한 때문이다. 그것을 달덕이라 이르는 것은 천하와 고금에 같이 얻어야 할 이치이기 때문이다. 일은 성일 따름이다.)

達道, 雖人所共由, 然, 無是三德, 則無以行之. 達德, 雖人所同得, 然, 一有不誠, 則人欲間之, 而德非其德矣.(달도는 비록 사람들이 함께 경유할 것이나, 그러나 이 3덕이 없으면 그것을 행할 수 없다. 달덕은 비록 사람들이 동시에 얻어야 하나, 그러나 오직 성실하지 못함이 있으면 사람의 욕심이 그 사이에 끼어들어 덕은 그러한 덕이 아닐 것이다.)

程子曰 : 所謂誠者, 止是誠實此三者, 三者之外, 更別無誠.(정자가 말씀하였다. 이른바 성이란 것은 단지 바로 이 셋을 성실히 하는

것이니, 셋 이외에 다시 다른 성은 없다.)

해설 5달도와 3달덕은 곧 오륜과 지·인·용으로 체(體)와 용(用)을 말하고 있다. 오륜은 지·인·용으로써 실천 가능하다. 즉 오륜을 바르게 알고 이해하는 지혜, 오륜을 체득하여 발휘하는 어진 마음, 오륜을 행하는 실천력 등이다. 달도이든 달덕이든 모두 인간의 성실한 마음, 즉 진실, 무망, 불식으로써 미덕이 될 수 있다.

20-9. 어떤 사람은 태어나자마자

원문 或生而知之하며 或學而知之하며 或困而知之하며
혹생이지지 혹학이지지 혹곤이지지

及其知之하여는 一也니이다 或安而行之하며 或利而行
급기지지 일야 혹안이행지 혹리이행

之하며 或勉强而行之하나니 及其成功하여는 一也니이다
지 혹면강이행지 급기성공 일야

자의 ㅇ或-어떤 사람. ㅇ之-대명사, 즉 도를 가리킴. ㅇ困-곤할 곤. ㅇ及-미칠 급. ㅇ一-하나 일. ㅇ勉-힘쓸 면.

국역 어떤 사람은 태어나자마자 도를 알며, 어떤 사람은 배워서 도를 알며, 어떤 사람은 고생하여 도를 아는데, 그 사람도 도를 아는 데 미쳐서는 똑같으니라. 어떤 사람은 도를 자연스럽고 편안하게 행하는 수도 있고, 어떤 사람은

도의 요령을 알고 도를 편리하게 행하는 수도 있고, 어떤 사람은 열심히 공부하여 도를 행하는 수도 있는데, 그 사람도 성공을 함에 미쳐서는 똑같으니라.[87]

주해 87) 知之者之所知, 行之者之所行, 謂達道也.(지지자의 아는 것과 행지자의 행하는 것을 달도라 한다.)

以其分而言, 則所以知者, 知也. 所以行者, 仁也. 所以至於知之成功而一者, 勇也.(그것을 분별로써 말하면, 알기 때문에 지요, 행을 하기 때문에 인이요, 그것을 알고 성공에 이르기까지 일관하기 때문에 용이다.)

以其等而言, 則生知安行者, 知也. 學知利行者, 仁也. 困知勉行者, 勇也.(그것을 등급으로써 말하면 생지〔生知〕와 안행〔安行〕은 지요, 학지〔學知〕와 이행〔利行〕은 인이요, 곤지〔困知〕와 면행〔勉行〕은 용이다.)

蓋人性, 雖無不善, 而氣稟有不同者. 故, 聞道有蚤莫, 行道有難易. 然, 能自强不息, 則其至, 一也.(대개 사람의 천성은 비록 불선함이 없으나 기품은 동일하지 않음이 있으니, 그러므로 정도를 듣는 데는 이르고 늦음이 있으며, 정도를 행함에는 어렵고 쉬운 것이 있는 것이다. 그러나 능히 스스로 힘쓰고 쉬지 않으면 그 이르는 데는 한가지이니라.)

呂氏曰 : 所入之塗雖異, 而所至之域則同, 此所以爲中庸.(여씨〔呂大臨〕가 말하였다. 들어가는 곳의 길은 비록 다르나, 이르는 곳의 영역은 같으니, 이 때문에 중용이 되느니라.)

若乃企生知安行之資, 爲不可幾及, 輕困知勉行, 謂不能有成, 此道之所以不明不行也.(만약 이에 생지와 안행의 자질을 기도〔企圖〕하였으나 거의 미칠 수 없게 되거나, 곤지와 면행을 가볍게 여겨 또 이룰 수 없다면, 이것이 정도가 밝혀지지 못하고 실행되지 못하는 까닭이 되느니라.)

해설 도를 아는 세 가지 형태와 도를 행하는 세 가지 방식을 말하고 있다. 그런데 도를 아는 방식이 어떠하든 아는 데 미쳐서는 한가지이고, 또 도를 어떻게 행하든 도를 행함에 미쳐서는 모두 한가지로 차이가 없다는 것이다. 여기서 우리는 성인과 범인이 중용의 도를 알면 모두 행할 수 있다는 엄청난 사실을 알 수 있다.

20-10. 배우기를 좋아함은 지혜에 가깝고

원문 (子曰) 好學은 近乎知하고 力行은 近乎仁하고 知恥는 近乎勇이니라
(자왈) 호학 근호지 역행 근호인 지치 근호용

자의 ㅇ乎－ ~으로부터, ~에(＝於). ㅇ恥－부끄러울 치.

국역 (공자께서 말씀하셨다) 배우기를 좋아함은 지혜에 가깝고, 힘써 행하는 것은 인에 가깝고, 부끄러움을 아는 것은 용에 가깝느니라.[88]

주해 88) 子曰二字, 衍文.(자왈 2자는 덧글자이다.)
此, 言未及乎達德而求以入德之事, 通上文三知爲知, 三行爲仁, 則此三近者, 勇之次也.(이는 달덕에 미치지 못하여 덕에 들어가기 위해 구하는 일을 말하였으니, 상문의 3지는 지[知]가 되고, 3행은 인[仁]이 됨을 통합하면, 이것에 세 번째 가까운 것은 용[勇]이 그 차례이다.)

呂氏曰 : 愚者, 自是而不求, 自私者, 徇人欲而忘返, 懦者, 甘爲人下而不辭.(여씨가 말하였다. 어리석은 자는 스스로 옳다고 하여 찾지 않으며, 자기의 생각대로 하는 자는 인욕을 좇기만 하여 돌아올 줄을 모르고, 나약한 자는 남의 아래를 감수하며 사양치 않는다.)

故, 好學, 非知. 然, 足以破愚, 力行, 非仁. 然, 足以忘私, 知恥, 非勇. 然, 足以起懦.(그러므로 배우기를 좋아함은 지혜가 아니다. 그러나 충분히 어리석음을 깨뜨릴 수 있고, 힘써 행함은 인이 아니다. 그러나 충분히 이기심을 잊을 수 있고, 부끄러움을 아는 것은 용이 아니다. 그러나 충분히 나약함을 일으켜 세울 수 있다.)

해설 여기서는 3달덕인 지·인·용을 이루기 위해서는 우선 호학, 역행, 지치를 하여야 한다는 것이다. 즉 지·인·용에 이르자면 호학과 역행과 지치의 과정을 거쳐야 한다는 것이다. 결국 어떤 목표를 세워 거기에 도달하고자 하는 확고한 신념으로써 실행하는 것이 과제라 할 것이다.

20-11. 이 셋을 알면

원문 知斯三者면 則知所以修身이요 知所以修身이면 則知所以治人이요 知所以治人이면 則知所以治天下國家矣리라
지사삼자 즉지소이수신 지소이수신 즉지소이치인 지소이치인 즉지소이치천하국가의

자의 ㅇ斯―이 사. ㅇ所以―까닭, 방법.

국역 이 셋을 알면 수신하는 방법을 알 것이요, 수신하는 방법을 알면 사람을 다스리는 방법을 알 것이요, 사람을 다스리는 방법을 알면 천하국가를 다스리는 방법을 알게 되리라.[89]

주해 89) 斯三者, 指三近而言. 人者, 對己之稱. 天下國家, 則盡乎人矣.(이 셋은 삼근을 가리켜 말한 것이다. 남은 자기에 상대되는 칭호이다. 천하국가는 남에게 진력하는 것이다.)
言此以結上文修身之意, 起下文九經之端也.(이것은 상문의 수신의 뜻을 맺고, 하문의 구경의 단서를 일으키기 위하여 말한 것이다.)

해설 호학, 역행, 지치를 아는 사람이면 응당 몸을 닦는 방법, 남을 다스리는 방법, 천하국가를 다스리는 방법까지 알 수 있다는 것이다. 세상이 원하는 바를 꿰뚫어 아는 것, 그것들을 수행할 줄 아는 적임자를 들어 쓰는 것, 나아가 천하를 화평하게 다스리는 것, 이 모두가 자기를 닦아 바로 세우는 것에서 출발한다는 것이다.

20-12. 무릇 천하국가를 다스리는 데

원문 凡爲天下國家엔 有九經하니 曰 修身也와 尊賢也와
범위천하국가 유구경 왈 수신야 존현야

親親也와 敬大臣也와 體群臣也와 子庶民也와 來百
친친야 경대신야 체군신야 자서민야 내백

工也와 柔遠人也와 懷諸侯也니라
공야 유원인야 회제후야

자의 ㅇ凡-대강 범. ㅇ九經-아홉 가지 상도(常道). ㅇ百工-모든 공인. ㅇ柔-어릴 유. 유순. ㅇ懷-품을 회, 마음 회. 포용.

국역 무릇 천하국가를 다스리는 데, 아홉 가지 불변의 원칙이 있으니, 일컬어 자신의 몸을 닦는 것과, 어진 이를 존경하는 것과, 친근한 이부터 친하는 것과, 대신을 존경하는 것과, 여러 신하들과 일체가 되는 것과, 모든 백성들을 자식처럼 사랑하는 것과, 모든 상공인이 찾아오도록 하는 것과, 먼 곳에 있는 사람에게 유순하고 관용으로 대하는 것과, 여러 제후들을 포용하는 것이니라.[90)]

주해 90) 經, 常也. 體, 謂設以身處其地而察其心也.(경은 항상 함이다. 체는 자신이 그 지위에 처한 것으로 설정하여 그 마음을 관찰하는 것이다.)

子, 如父母之愛其子也.(자는 마치 부모가 그 자식을 사랑하는 것과 같다.)

柔遠人, 所謂無忘賓旅者也.(유원인은 《맹자》에 이른바 빈객과 나그네를 잊지 말라는 것이다.)

此, 列九經之目也.(이것은 구경의 조목을 열거한 것이다.)

呂氏曰 : 天下國家之本, 在身. 故, 修身, 爲九經之本.(여씨가 말하였다. 천하국가의 근본은 자신에게 있다. 그러므로 수신이 9경의 근본으로 된다.)

然, 必親師取友然後, 修身之道進. 故, 尊賢, 次之, 道之所進, 莫先其家. 故, 親親, 次之.(그러나 반드시 스승을 친근히 하고 벗을 취한 연후에 수신의 도가 진전된다. 그러므로 존현이 그 다음이 되는 것이다. 도의 나아감이 그 가정보다 우선할 수 없다. 그러므로 친친이 그 다음이 되는 것이다.)

由家以及朝廷. 故, 敬大臣, 體君臣, 次之.(가정으로부터 조정에 미치기 때문에, 그러므로 대신을 존경하고, 군신의 일체가 그 다음이 되는 것이다.)

由朝廷以及其國. 故, 子庶民, 來百工, 次之.(조정으로부터 그 나라에 미치기 때문에, 그러므로 서민을 자식처럼 여기고, 백공이 오게 함이 그 다음이 되는 것이다.)

由其國以及天下. 故, 柔遠人, 懷諸侯, 次之.(그 나라로부터 천하에 미치기 때문에, 그러므로 원인을 유순히 대하고 제후를 포용함이 그 다음이 되는 것이다.)

此, 九經之序也.(이것이 9경의 차례이다.)

視君臣, 猶吾四體, 視百姓, 猶吾子, 此, 視臣視民之別也.(군왕이 신하 보기를 나의 사지같이 생각하고, 백성 보기를 나의 자식같이 생각하니, 이것이 신하를 보는 것과 백성을 보는 데 구별인 것이다.)

해설 천하국가를 다스리는 불변의 아홉 가지 원칙을 들고 있다. 수신, 존현, 친친, 경대인, 체군신, 자서민, 내백공, 유원인, 회제후가 그것이다. 그런데 그 첫째가 수신인 이유는 천하의 모든 일이 수신에서 시작하는 것이기 때문이다.

20-13. 수신이 되면 앞으로 나아갈 길이 확립되고

원문 修身則道立하고 尊賢則不惑하고 親親則諸父昆弟
수신즉도립 존현즉불혹 친친즉제부곤제

不怨하고 敬大臣則不眩하고 體群臣則士之報禮重하고
불원 경대신즉불현 체군신즉사지보예중

子庶民則百姓이 勸하고 來百工則財用이 足하고 柔遠
자서민즉백성 권 내백공즉재용 족 유원

人則四方이 歸之하고 懷諸侯則天下畏之니라
인즉사방 귀지 회제후즉천하외지

자의 ㅇ惑－미혹할 혹. ㅇ怨－원망할 원, 원수 원. ㅇ眩－아찔할 현, 현혹할 현. ㅇ勸－권면할 권. ㅇ歸－돌아갈 귀. ㅇ畏－두려워할 외.

국역 수신이 되면 앞으로 나아갈 길이 확립되고, 어진 사람을 존경하게 되면 마음에 의혹이 생기지 않고, 친근한 사람부터 친애하면 여러 숙부, 형제들이 원망하지 않고, 대신을 존경하면 현혹되지 않고, 주군과 여러 신하들이 일체가 되면 벼슬아치들이 보답하는 예가 거듭되고, 여러 백성들을 자식같이 사랑하면 백성들이 열심히 선한 일을 하게 되고, 모든 상공인들이 찾아오게 되면 재정의 사용이 풍족하게 되고, 먼 곳에 있는 사람들도 너그럽게 포용하면 동서남북의 사람들이 나에게로 돌아오게 되고, 제후들을 사랑으로 품어주면 천하사람들이 그를 존경하면서 두렵게 생각하느니라.[91]

주해 91) 此, 言九經之效也.(이것은 9경의 효험을 말한 것이다.)
道立, 謂道成於己而可爲民表, 所謂皇建其有極, 是也. 不惑, 謂不疑於理. 不眩, 謂不迷於事.(도립은 도가 자기에게 이루어져 백성들의 사표가 되는 것을 이른 것이니, 《서경》의 〈홍범〉에 이른바 황제는 그 자신이 또 극[極]을 세운다는 것이 이것이다. 불혹은 이치에서 의혹이 없는 것을 이르며, 불현은 일에 혼미함이 없음을 이른다.)
敬大臣, 則信任專而小臣不得以間之. 故, 臨事而不眩也.(대신을 존경하면 신임이 온전하며, 소신들이 이간질할 수 없다. 그러므로 일에 임하여 현혹되지 아니한다.)

來百工, 則通功易事, 農末相資. 故, 財用足.(백공이 오게 되면 기술을 교류하고 일을 바꾸어 하여, 농업과 말업이 서로 돕는지라, 그러므로 재정의 사용이 풍부하게 된다.)

柔遠人, 則天下之旅, 皆悅而願出於其塗. 故, 四方歸, 懷諸侯, 則德之所施者博而威之所制者廣矣. 故, 曰天下畏之.(유원인이면 천하의 무리들이 모두 기뻐하고 그길에 나오기를 원한다. 그러므로 사방의 백성들이 돌아오고, 제후를 포용하면 덕의 시혜하는 바가 넓고, 위엄의 제어하는 바가 광범하여, 그러므로 천하가 그를 존경하면서 두려워한다고 말하는 것이다.)

해설 천하국가를 다스리는 데 9경을 사용하는 이유를 설명하고 있다. 그만한 효과가 있기 때문이다. 수신→도립, 존현→불혹, 친친→불원, 자서민→백성근면, 내백공→재용의 풍족, 유원인→사방 귀화, 회제후→천하사람들이 두렵게 여긴다는 것 등은 9경의 크나큰 효과이다. 특히 백공이 모여들면 생산이 증대되어 재화의 사용이 풍족하게 된다고 한 점이 주목된다.

20-14. 정신을 맑게 하여 잡념을 없애고

원문 齊明盛服하여 非禮不動은 所以修身也요 去讒遠
재명성복 비례부동 소이수신야 거참원

色하며 賤貨而貴德은 所以勸賢也요 尊其位하며 重其
색 천화이귀덕 소이권현야 존기위 중기

祿하며 同其好惡는 所以勸親親也요 官盛任使는 所以
록 동기호오 소이권친친야 관성임사 소이

勸大臣也요 忠信重祿은 所以勸士也요 時使薄斂은
권대신야 충신중록 소이권사야 시사박렴

所以勸百姓也요 日省月試하여 旣稟稱事는 所以勸百
소이권백성야 일성월시 희름칭사 소이권백

工也요 送往迎來하며 嘉善而矜不能은 所以柔遠人也
공야 송왕영래 가선이긍불능 소이유원인야

요 繼絶世하며 擧廢國하며 治亂持危하며 朝聘以時하며
계절세 거폐국 치란지위 조빙이시

厚往而薄來는 所以懷諸侯也니라
후왕이박래 소이회제후야

자의 ○齊－재계할 재, 가지런할 제. ○盛－그릇 성, 성할 성. 다야(多也). ○讒－참소할 참, 헐뜯을 참. ○薄－엷을 박. ○斂－거둘 렴, 염할 렴. ○試－시험할 시. ○旣－녹미 희. ○稟－곳집 름, 구호미 름. ○嘉－아름다울 가, 기뻐할 가. ○矜－아낄 긍, 자랑할 긍. ○朝－입조(入朝). 제후가 5년에 한번 천자를 찾아뵙는 예. ○聘－찾을 빙. 대부가 3년에 한번 천자를 찾아뵙는 예. ○厚－하사물. ○薄－공물.

국역 정신을 맑게 하여 잡념을 없애고 성장을 하고, 예가 아니면 행동을 하지 않음은, 수신하는 방법이요, 참소하는 것을 제거하고 여색을 멀리하며, 상대적으로 돈을 천히 여기고 덕을 귀하게 여기는 것은, 현명함을 권장하는 방법이요, 그 지위를 존경하고 그 녹을 중히 하며, 그가 좋은 일이든 싫은 일이든 같이 하는 것이, 친친을 권장하는 방법이요, 관리들을 많이 두고 책임을 맡겨 부리도록 하는 것은, 대신을 열심히 일하도록 권장하는 방법이요, 신하는 충성을 하며 임금은 신하를 신임하며 봉록을 많이 주는 것은, 관리들을 열심히 일하도록 권장하는 방법이요, 때를 맞추어 백성을 부리고 세금을 적게 거두어들이는 것은, 백성들을 부지런히 일하도록 권장하는 방법이요, 날마다 그 일하는 성적을 살펴보고 달마다 시험을 보아 녹미(祿米)를 일하는 성과에 따라 주는 것은, 모든 공인을 권장하는 방법이요, 떠나는 사람을 잘 전송하고 돌아오는 사람을 환영하며 선한 것은 가상히 여겨 장려하고 능력이 없는 사람들을 긍휼히 여기는 것은, 멀리 있는 사람들을 복종케 하는 방법이요, 제후들의 대가 끊겨진 것은 이어주며 폐지된 나라를 세워주며 혼란을 다스려 주고 위태함에 빠진 나라를 붙들어 주며, 입조(入朝)와 빙례(聘禮)는 때에 의해 하며, 가는 것은 후하게 하고 받아오는 것은 박하게 하는 것은, 제후들을 포용하는 방법이니라.[92)]

주해 92) 此, 言九經之事也.(이것은 9경의 일을 말한 것이다.)
官盛任使, 謂官屬衆盛, 足任使令也.(관성임사는 이른바 관속의 무리가 많고 충분히 사령에 맡긴다는 것이다.)
蓋大臣, 不當親細事. 故, 所以優之者如此.(대개 대신은 마땅히 친히 세세한 일을 않는다. 그러므로 그를 우대하는 까닭이 이와 같다.)
忠信重祿, 謂待之誠而養之厚, 蓋以身體之, 而知其所賴乎上者如此也.(충신중록은 충성으로 대하고, 두텁게 기르는 것을 이르니, 대개 자신이 그것을 체득하게 함으로써 그것이 상위자로부터 신뢰

받는 것을 아는 것이 이와 같다.)

旣, 讀曰餼, 餼稟, 稍食也.(기는 희로 읽으니, 희름은 초식〔녹미〕이다.)

稱事, 如周禮槀人職曰, 考其弓弩, 以上下其食, 是也.(칭사는 마치 《주례》 〈고인직(槀人職)〉에 그 궁노를 상고하여 그 먹는 것을 올리고 내린다는 것이 이것이다.)

往則爲之授節以送之, 來則豐其委積以迎之.(갈 때에는 원인〔遠人〕을 위해 부절을 주고, 그리고 보낸다. 올 때에는 그 저축〔委積〕을 풍부히 하여 그리고 맞이한다.)

朝, 謂諸侯見於天子.(조는 제후가 천자에게 뵙는 것이요,)

聘, 謂諸侯使大夫來獻.(빙은, 제후는 대부로 하여금 천자에게 와서 예물을 올리게 하는 것이다.)

王制, 比年一小聘, 三年一大聘, 五年一朝.('왕실제도'에 해마다 한번 소빙을 올리고, 3년에 한번 대빙을 올리고, 5년에 한번 조회한다고 하였다.)

厚往薄來, 謂燕賜厚而納貢薄.(후왕박래는 연회와 하사는 후하게 하고, 공물을 바침은 박하게 함을 이른다.)

해설 여기서는 9경을 실천하는 방법에 관하여 좀더 구체적으로 설명하고 있다. 특히 성과급(成果給)으로써 공인의 작업을 권장한 것, 충분한 인력을 투입하고 책임에 상응하는 권한을 부여하는 것 등은 지금의 시각에서도 손색이 없는 이론인 것이다. 《대학》의 덕본재말(德本財末)과 연결하여 보면, 덕을 우선하고 재를 뒤로 한다는 뜻으로 보아야 할 것이다.

20-15. 무릇 천하국가를 다스리는 데

원문 凡爲天下國家에 有九經하니 所以行之者는 一也니라
범위천하국가 유구경 소이행지자 일야

자의 ㅇ所以-까닭, 방법. ㅇ之-대명사, 9경. ㅇ一-유일.

국역 무릇 천하국가를 다스리는 데 아홉가지의 불변의 원칙이 있으니 그것을 행하는 방법은 오직 하나이니라.[93)]

주해 93) 一者, 誠也, 一有不誠, 則是九者皆爲虛文矣. 此, 九經之實也.(일은 성이니, 한가지라도 성실하지 못함이 있으면, 바로 9경이 모두 허문이 된다. 이것은 9경의 실제이다.)

해설 천하국가는 9경으로써 다스린다. 그 9경을 잘 행하는 방법은 오직 한가지, 즉 진실뿐이라는 것이다. 9경마다 중(中)이 있고 그 중에 적합하도록 성을 끝까지 배려하는 것이 천하국가를 다스리는 전부일 것이다.

20-16. 모든 일은 미리 알면 그것이 성립되고

원문 凡事는 豫則立하고 不豫則廢하나니 言前定則不跲
범사 예즉립 불예즉폐 언전정즉불겁

하고 事前定則不困하고 行前定則不疚하고 道前定則
사전정즉불곤 행전정즉불구 도전정즉

不窮이니라
불 궁

자의 ㅇ廢－못쓰게 될 폐. ㅇ跲－넘어질 겁. ㅇ疚－오래 앓을 구. ㅇ窮－궁구할 구, 다할 구.

국역 모든 일은 미리 알면 그것이 성립되고, 미리 알지 못하면 폐지되는 법이니, 말을 할 적에 사전에 말할 것을 정해놓고 말하면 착오가 없고, 사전에 정해놓고 일을 하면 곤란을 받지 않고, 행동을 사전에 미리 정해놓고 하면 행동에 하자가 없고, 가야 할 길을 사전에 미리 정해놓으면 막히지 않느니라.[94)]

주해 94) 凡事, 指達道, 達德, 九經之屬.(범사는 달도, 달덕, 9경 등속을 가리킨다.)

豫, 素定也. 跲, 躓也. 疚, 病也.(예는 평소에 미리 정함이다. 겁은 넘어짐이다. 구는 병이다.)

此, 承上文, 言凡事, 皆欲先立乎誠, 如下文所推是也.(이것은 상문을 이어, 모든 일을 다 먼저 성으로부터 수립하고자 함을 말한 것이니, 예컨대 하문에 미룬 것이 그런 것이다.)

해설 장래의 일을 예측할 수 있으면 그 일이 순조롭게 성립할 수 있으나, 예측하지 못했다면 그 일이 성립할 수 없을 것이다. 예컨대 말의 성립, 일의 성사, 어떤 행위의 성패, 나아갈 길의 도달 여부도 마찬가지이다. 어느 일에서나 그 성공 여부는 모두 정성스럽고 치밀한 사전계획 여하에 달렸다는 것은 조금도 공허한 말이 아니다.

20-17. 아랫사람이 윗사람의 신임을 얻지 못하면

원문 在下位하여 不獲乎上이면 民不可得而治矣리라 獲
재하위 불획호상 민불가득이치의 획

乎上이 有道하니 不信乎朋友면 不獲乎上矣리라 信乎
호상 유도 불신호붕우 불획호상의 신호

朋友가 有道하니 不順乎親이면 不信乎朋友矣리라 順
붕우 유도 불순호친 불신호붕우의 순

乎親이 有道하니 反諸身不誠이면 不順乎親矣리라 誠
호친 유도 반저신불성 불순호친의 성

身이 有道하니 不明乎善이면 不誠乎身矣리라
신 유도 불명호선 불성호신의

자의 ㅇ獲－얻을 획, 맞힐 획. ㅇ諸－지어(之於).

국역 아랫사람이 윗사람의 신임을 얻지 못하면, 백성을 얻어 다스릴 수 없느니라. 윗사람으로부터 신임을 얻는 데 방법이 있으니, 붕우에 신용이 있지 않으면 윗사람으로부터 신용을 얻을 수 없느니라. 붕우로부터 신용을 얻는 데 방법이 있으니 부모에 효순치 않으면 붕우로부터 신용을 얻지 못하느니라. 부모에 효순하는 데 방법이 있으니, 그 자신에게 돌이켜 성이 되지 않으면 부모에 효순치 못하느니라. 자신을 성실히 하는 데 방법이 있으니, 선악에 밝지

못하면 자신에게 성을 할 수 없으리라.[95)]

주해 95) 此, 又以在下位者, 推言素定之意.(이것은 또 아랫자리에 있는 자로서, 평소 정해야 할 뜻을 미루어 말한 것이다.)
反諸身不誠, 謂反求諸身, 而所存所發, 未能眞實而無妄也.(그 자신에 돌이켜보아 성실치 못하다는 것은, 그 자신에 돌이켜 구하여, 마음에 있는 것과 발동되는 것이 능히 진실하고 망령됨이 없지 않음을 이른다.)
不明乎善, 謂不能察於人心天命之本然, 而眞知至善之所在也.(선악에 밝지 못하다는 것은, 능히 인심과 천명의 본연을 고찰하여, 참으로 지선의 소재를 알지 못함을 이른다.)

해설 성의 효용을 말하고 있다. 윗사람의 신임→벗의 신임→부모에 효도→자신에 성실→선의 길을 밝게 알아야 한다. 결국 성공의 열쇠는 성(誠)이며, 모든 일의 출발점은 바로 정성이다. 그래서 달도(達道), 달덕(達德), 구경(九經)을 행함에 모두 성을 주장한 것이며, 그렇게 함으로써만 지선(至善)으로 나아갈 수 있는 것이다. 《맹자》 〈이루장구 상〉에도 이와 비슷한 말이 있다.

20-18. 성이란 것은 하늘의 도요

원문 誠者는 天之道也요 誠之者는 人之道也니 誠者는
성자 천지도야 성지자 인지도야 성자

不勉而中하며 不思而得하여 從容中道하나니 聖人也
불면이중 불사이득 종용중도 성인야

요 誠之者는 擇善而固執之者也니라
성지자 택선이고집지자야

자의 ㅇ勉－힘쓸 면. ㅇ從容－조용한 모습. ㅇ擇－가릴 택. ㅇ執－잡을 집.

국역 성실한 것은 하늘의 도요, 진실로 성실해지려는 것은 사람이 따라야 할 도인 것이니, 성실한 자는 힘쓰지 않아도 적중하며, 생각하지 않아도 체득하여 조용히 천도에 적중하나니, 이런 사람이 성인이다. 진실로 성실해지려는 사람은 선을 택하여 그것을 굳게 잡느니라.[96)]

주해 96) 此, 承上文誠身而言.(이것은 상문의 성신에 이어 말한 것이다.)
誠者, 眞實無妄之謂, 天理之本然也.(성은 진실 무망을 이름이니, 천리의 본연이다.)
誠之者, 未能眞實無妄而欲其眞實無妄之謂, 人事之當然也.(성지는 능히 진실 무망이 없지 못하여 그 진실 무망하고자 함을 이름이니 인사의 당연함이다.)
聖人之德, 渾然天理. 眞實無妄, 不待思勉而從容中道, 則亦天之道也.(성인의 덕은 혼연한 천리라, 진실 무망하여 생각하고 힘씀을 기다리지 않고도 조용히 도에 적중하니 역시 하늘의 도이다.)
未至於聖, 則不能無人欲之私, 而其爲德, 不能皆實. 故, 未能不思而得, 則必擇先然後, 可以明善, 未能不勉而中, 則必固執而後, 可以誠身, 此則所謂人之道也.(아직 성인에 이르지 못하면 능히 인욕의 사사로움이 없지 않아, 그 덕됨이 능히 모두 진실이 될 수 없다. 그러므로 아직 생각하지 않고 얻을 수 있지 않으니, 반드시 먼저 선택한 연후에야 선악을 밝게 알 수 있고, 능히 힘쓰지 않고 적중할 수 없어, 반드시 굳게 잡은 뒤에야 몸을 성실히 할 수 있다. 이런즉 이른바 사람의 도이다.)

不思而得, 生知也, 不勉而中, 安行也.(생각하지 않고도 깨닫는 것은 태어날 때부터 아는 것이요, 힘쓰지 않고도 적중함은 편안히 행하는 것이다.)

擇善, 學知以下之事, 固執, 利行以下之事也.(선을 택하는 것은, 배워서 아는 것 이하의 일이요, 굳게 잡는 것은, 편리하게 행하는 이하의 일이다.)

해설 여기서는 중용의 제2의 주제인 성(誠)을 설명한 것이며, 제1장에 상응하는 내용이다. 그런데 성을 주자(朱子)는 '진실하여 거짓이 없는 것으로, 천리의 본연'이라고 하였다. 즉 '진실됨'이며, 중용의 덕인 것이다. 성인은 그 덕이 천지와 더불어 혼연일체가 되기 때문에 애쓰고 노력하지 않아도 저절로 모든 것이 이치에 맞게 된다. 따라서 천지의 길인 것이다. 그러나 보통의 사람들은 욕심이 성을 가로막으니 그 욕심을 차단하여 성실해지려고 노력하는 것이 곧 인간의 길인 것이다. 공자께서도 《논어》 〈옹야편〉 6-27에서 중용의 덕을 말한 바 있다.

20-19. 넓게 배우고

원문 博學之하며 審問之하며 愼思之하며 明辨之하며 篤行之니라
박학지 심문지 신사지 명변지 독행지

(자의) ㅇ博－넓을 박. ㅇ審－살필 심. ㅇ愼－삼갈 신. ㅇ辨－분변할 변. ㅇ篤－도타울 독.

(국역) 넓게 배우고, 자세하게 묻고, 진리를 신중하게 생각하며, 진리를 분명하게 변별하며, 진리를 독실하게 행하여야 하느니라.[97]

(주해) 97) 此, 誠之之目也.(이것은 성으로 가는 조목이다.)
學問思辨, 所以擇善而爲知, 學而知也.(배우고 묻고 생각하고 변별함은 선을 택하기 위한 것이며 지가 되니, 배워서 아는 것이다.)
篤行, 所以固執而爲仁, 利而行也.(독행은 굳게 잡기 위한 것이며 인이 되니, 편리하게 행하는 것이다.)
程子曰 : 五者, 廢其一, 非學也.(정자가 말하였다. 다섯에서 그 하나를 폐지하여도 학문이 아니다.)

(해설) 여기서는 성(誠)에 나아가는 5단계를 제시하고 있다. 스스로 성실해지려는 자는 선을 택하기 위하여 박학지, 심문지로써 지(知)를 얻고, 신사지, 명변지로써 인(仁)을 깨닫고, 독행지로써 용기(勇氣)있게 선을 굳게 지켜 실행해야 하는 것이다. 이 다섯[五之]은 유가(儒家)의 근본이념인 '수기치인(修已治人)'의 과제이기도 하다.

20-20. 배우지 않음이 있을 망정

(원문) 有弗學이언정 學之인댄 弗能이어든 弗措也하며 有弗
유불학 학지 불능 불조야 유불

問이언정 問之인댄 弗知어든 弗措也하며 有弗思언정 思
문 문지 불지 불조야 유불사 사

之인댄 弗得이어든 弗措也하며 有弗辨이언정 辨之인댄
지 불득 불조야 유불변 변지

弗明이어든 弗措也하며 有弗行이언정 行之인댄 弗篤이
불명 불조야 유불행 행지 불독

어든 弗措也하여 人一能之어든 己百之하며 人十能之어
불조야 인일능지 기백지 인십능지

든 己千之니라
기천지

자의 ㅇ弗-아니 불. ㅇ措-둘 조.

국역 배우지 않음이 있을 망정, 배울진댄 능하지 못하거든 놓지 말며, 묻지 않음이 있을 망정, 묻을진댄 알지 못하거든 놓지 말며, 생각하지 않음이 있을 망정, 생각할진댄 체득하지 못하거든 놓지 말며, 변별 못한 것이 있을 망정, 변별할진댄 분명치 않거든 놓지 말며, 행하지 못함이 있을 망정, 행할진댄 독실치 않거든 놓지 말며, 남이 한 번 하여 능하거든 자기는 백 번 하며, 남이 열 번 하여 능하거든 자기는 천 번 해야 하느니라.[98)]

주해 98) 君子之學, 不爲則已, 爲則必要其成. 故, 常百倍其功, 此, 困而知, 勉而行者也, 勇之事也.(군자의 배움은 하지 않으면 그만이거니와, 하면 반드시 그 완성을 요한다. 그러므로 항상 공부를 백

배로 하는 것이니, 이것은 애써 알고 힘써 행하는 자이니, 용기있는 자의 일이다.)

해설 사람에는 대체로 세 등급이 있다. 그런데 그 어느 등급이든 진리를 깨닫고 선을 행하는 바는 똑같다. 그런데도 보통사람들이 그것을 잘하지 못하는 까닭은 단지 중용을 중시하지 않기 때문이다. 그래서 여기서는 중용을 하기 위해 성(誠)을 실천하는 태도를 말하였는데, 용(勇)에 해당하는 것이다. 중도에 그만두는 일 없이 능할 때까지 반복적으로 정성을 다하면 반드시 성지(誠之)에서 성(誠)에 도달하게 된다는 것이다. 학문이든 사업이든 건강의 유지든 정성스런 실천이 과제이다.

20-21. 과연 능히 이런 방법으로 할 수 있으면

원문 **果能此道矣**면 **雖愚**나 **必明**하며 **雖柔**나 **必强**이니라
과능차도의 수우 필명 수유 필강

자의 ㅇ果－열매 과. 결과, 과연, 정말. ㅇ道－길 도. 방법, 통로. ㅇ雖－비록 수. ㅇ愚－어리석을 우. ㅇ明－현명. ㅇ柔－부드러울 유. ㅇ强－굳세어짐.

국역 과연 능히 이런 방법으로 할 수 있으면 비록 어리석으나 반드시 현명해지며, 비록 유약하나 반드시 강해지니라.[99] [100]

주해 99) 明者, 擇善之功.(명은 선을 택한 공적이다.)
强者, 固執之效.(강은 굳게 잡은 공적이다.)
呂氏曰 : 君子所以學者, 爲能變化氣質而已, 德勝氣質, 則愚者可進於明, 柔者可進於强, 不能勝之, 則雖有志於學, 亦愚不能明, 柔不能立而已矣.(여씨가 말했다. 군자가 배우는 까닭은 능히 기질을 변화하기 위한 것일 뿐이니, 덕이 기질을 이기면 어리석은 자가 밝음에 나아갈 수 있고, 유약한 자가 강하게 나아갈 수 있다. 그것을 이기지 못하면 비록 배움에 뜻이 있어도 역시 어리석음이 능히 밝게 될 수 없고, 유약한 이가 능히 자립할 수 없을 뿐이다.)
蓋均善而無惡者, 性也, 人所同也, 昏明强弱之稟, 不齊者, 才也, 人所異也.(대개 균등하게 선하고 악함이 없는 것이 성품인데, 사람은 동일한 것이요, 혼미하고, 밝고, 강하고, 유약한 천품이 가지런하지 않음은 재능인데, 사람마다 다르다.)
誠之者, 所以反其同而變其異也. 夫以不美之質, 求變而美, 非百倍其功, 不足以致之.(성실히 하는 것은 동일한 것을 돌아오게 하고 차이를 변화하는 것이다. 대저 불미한 자질로써 변화하여 아름답기를 구할진댄, 그 공부를 백 배로 하지 않으면 충분히 거기에 이를 수 없을 것이다.)
今以鹵莽滅裂之學, 或作或輟, 以變其不美之質, 及不能變, 則曰天質不美, 非學所能變. 是, 果於自棄, 其爲不仁, 甚矣.(그런데 지금 일을 대충대충하고 경솔하고 무모하게 배움으로써 혹은 하기도 하고 혹은 중단하기도 하면서 그 불미한 자질을 변화시키려 생각하다가, 능히 변화되지 못함에 이르면, 곧 타고난 자질이 아름답지 못하면 배워서 능히 변화하지 못한다고 말한다. 이것은 자포자기에 과감한 것이니 아마 어질지 못함이 심한 것이다.)

100) 右, 第二十章.(우[위]는 제20장이다.)
此, 引孔子之言, 以繼大舜文武周公之緒, 明其所傳之一致, 擧而措之, 亦猶是爾.(이것은 공자의 말씀을 인용하여, 대순, 문왕·무왕, 주공의 통서를 계승하므로, 그 전하는 바의 일치함을 열거하여 거기에 놓고, 역시 이와 같을 뿐임을 밝힌 것이다).
蓋包費隱, 兼小大, 以終十二章之意.(대개 비은을 포함하고 대소를 겸한 것은 12장의 뜻을 마치기 위함이다.)
章內, 語誠始詳, 而所謂誠者, 實此篇之樞紐也.(장내에 성[誠]을 말한 것이 비로소 상세하니, 이른바 성이란 실제 이 편의 추뉴[主眼]이다.)
又按孔子家語, 亦載此章而其文尤詳. 成功一也之下, 有公曰, 子之言, 美矣至矣, 寡人, 實固不足以成之也. 故, 其下, 復以子曰, 起答辭, 今無此問辭而猶有子曰二字. 蓋子思刪其繁文, 以附于篇而所刪有不盡者, 今當爲衍文也.(또《공자가어》를 고찰하면 역시 이 장이 실려 있는데 그 글이 더욱 상세하다. '성공일야'의 아래에 있는 애공의 말씀은 '선생의 말이 아름답고 지극하나, 과인이 진실로 고루하고 부족하여 그것을 이룰 수 없다'는 것이다. 그러므로 그 아래에 다시 '자왈'로써 답사를 일으켰는데, 그런데 지금 여기에는 묻는 말이 없는데도, 같이 '자왈' 두 자가 있다. 대개 자사가 그 번잡한 글을 삭제하여, 그리고 편(篇)에 붙이면서 삭제를 다하지 못한 것이 있는 듯하니, 지금은 마땅히 연문이 되어야 할 것이다.)
博學之以下, 家語, 無之, 意彼有闕文, 抑此或子思所補也歟.(박학이하는《공자가어》에 없으니, 생각컨대 저《공자가어》에 빠진 글이 있거나, 또한 이것은 혹시 자사가 보충한 것인 듯하다.)

해설 여기서는 사람의 정성스런 노력으로 선천적 기질을 변화시킬 수 있음을 말하였다. 기질과 천성에 변화를 일으키는 것이 앞절에서 말한 5지(五之)이며, 곧 성지(誠之)가 성(誠)으로 나아가는 방식이기도 하다. 교육과 훈련의 가능성을 시사하고 있다.

제21장 성실의 효용

21-1. 스스로가 성이기 때문에 밝은 것을

원문 自誠明을 謂之性이요 自明誠을 謂之敎니 誠則明
자성명 위지성 자명성 위지교 성즉명

矣요 明則誠矣니라
의 명즉성의

자의 ㅇ自－스스로 자. 자연히, 당연히. ㅇ謂－말할 위.

국역 스스로가 성실하기 때문에 밝은 것, 그것을 일러 성(性)이라 하고, 스스로가 밝아지려고 성실해지는 것, 그것을 일러 교라 하니, 성실하면 밝게 되고 밝으면 성실해지느니라.[101) 102)]

주해 101) 自, 由也.(자는 때문이다.)

德無不實而明無不照者, 聖人之德, 所性而有者也, 天道也.(덕은 성실하지 않음이 없고 밝음은 비추지 않는 곳이 없는 것인데, 성인의 덕은 천성이 완전한 것이니, 천도이다.)

先明乎善而後, 能實其善者, 賢人之學, 由敎而入者也, 人道也.(먼저 선을 밝게 안 뒤에 능히 그 선을 성실히 하는 자는, 어진 이의 배움이 가르침으로부터 들어가는 것이니, 인도이다.)

誠則無不明矣, 明則可以至於誠矣.(성실하면 밝게 알지 않음이 없고, 밝게 알면 성에 이를 수 있는 것이다.)

102) 右, 第二十一章.(우[위]는 제21장이다.)
子思承上章夫子天道人道之意而立言也. 自此以下十二章, 皆子思之言, 以反覆推明此章之意.(자사가 상장의 선생님의 천도, 인도의 뜻을 이어 말한 것이다. 이로부터 이하 12개장은 모두 자사의 말씀으로 반복함으로써 이 장의 뜻을 미루어 밝혀낸 것이다.)

해설 여기서는 자성명(自誠明)－성(性)－자연－성인과 자명성(自明誠)－교(敎)－인도－노력을 비교하여 둘이 같다는 것이다. 자성(自誠)하여 밝은 것이나, 정성껏 노력하여 스스로 밝게 되는 것[自明]이나 마찬가지인 것이다. 성(誠)이나 성지(誠之)나 궁극에는 귀일(歸一)되기 때문이다.

제22장 성실이 본성에 이르게 함

22-1. 오직 천하에 지성만이

원문 唯天下至誠이야 爲能盡其性이니 能盡其性이면 則
유천하지성 위능진기성 능진기성 즉
能盡人之性이요 能盡人之性이면 則能盡物之性이요
능진인지성 능진인지성 즉능진물지성
能盡物之性이면 則可以贊天地之化育이요 可以贊天
능진물지성 즉가이찬천지지화육 가이찬천
地之化育이면 則可以與天地參矣니라
지지화육 즉가이여천지참의

자의 ㅇ唯－오직 유. ㅇ盡－다할 진. ㅇ贊－도울 찬. ㅇ育－기를 육. ㅇ參－참여할 참, 섞일 참, 석 삼.

국역 오직 천하에 지성만이 능히 그 본성을 다할 수 있게 되는 것이니, 능히 그 본성을 다하면 능히 사람의 본성도 다할 수 있는 것이요, 능히 사람의 본성을 다하면 능히 사물의 본성도 다할 수 있는 것이요, 능히 사물의 본성을 다하면 천지가 변화 생장하는 것을 도울 수 있고, 천지의 화육을 도울 수 있으면 천지와 더불어 천지인(天地人) 3극에 참여할 수 있느니라.[103) 104)]

주해 103) 天下至誠, 謂聖人之德之實, 天下莫能加也.(천하의 지성은 성인의 덕이 진실하여 천하에 능히 더할 것이 없는 것을 이른다.)
盡其性者, 德無不實, 故, 無人欲之私, 而天命之在我者, 察之由之, 巨細精粗, 無毫髮之不盡也.(그 성을 다한다는 것은, 덕이 성실하지 않는 것이 없어, 그러므로 인욕의 사사로움이 없고, 천명이 자기에게 존재함을 살피고 따라서, 크고 작고 정밀하고 거침이 털끝만큼도 다하지 않음이 없는 것이다.)
人物之性, 亦我之性, 但以所賦形氣不同而有異耳.(사람과 사물의 성은 역시 나의 성품이지만, 다만 하늘이 품부한 바의 형체와 기운이 같지 않기 때문에 차이가 있을 뿐이다.)
能盡之者, 謂知之無不明而處之無不當也.(능히 다한다는 것은 앎이 밝지 않음이 없고 처지가 마땅하지 않음이 없는 것이다.)
贊, 猶助也.(찬은 조[助]와 같다.)
與天地參, 謂與天地並立而爲三也.(천지와 더불어 참여한다는 것은 천지와 더불어 함께 서서 셋이 됨을 이른다.)
此, 自誠而明者之事也.(이것은 스스로가 성이기 때문에 밝은 자의 일이다.)

104) 右, 第二十二章.(우[위]는 제22장이다.)
言天道也.(천도를 말한 것이다.)

해설 이 절에서는 자성명(自誠明)·천도(天道)·성(誠)의 한 측면을 설명하고 있다. 예컨대 천지만이 자성명·성이므로 만물을 화육할 수 있으며, 또 성인만이 이 천성을 구비하므로 천하 사람을 그의 덕으로 감화시킬 수 있다. 그 다음의 보통사람은 성인의 감화를 받음으로써 비로소 자성명으로 나아갈 수 있다.

제23장 성실이 감화시킴

23-1. 그 다음 차례는 곡절마다 성을 이루게 되는 것이니

원문 其次(기차)는 致曲(치곡)이니 曲能有誠(곡능유성)이니 誠則形(성즉형)하고 形則著(형즉저)하고 著則明(저즉명)하고 明則動(명즉동)하고 動則變(동즉변)하고 變則化(변즉화)니 唯天下至誠(유천하지성)이야 爲能化(위능화)니라

자의 ㅇ次-다음 차. 즉 대현 이하의 범인이다. ㅇ曲-굽을 곡.

국역 그 다음 차례는 곡절[자세한 내용]마다 성을 이루게

되는 것이니, 곡절마다 성이 있는데 그것을 능히 잘해야 되는 것이니, 성이 되면 형상이 있게 되고, 형상이 있으면 나타나게 되고, 나타나면 밝게 되고, 밝게 알게 되면 감동을 주게 되고, 감동이 되면 변화하게 되고, 변화가 되면 감화된다. 오직 천하에 지성이어야만 다른 사람도 능히 감화시킬 수가 있느니라.[105) 106)]

주해 105) 其次, 通大賢以下凡誠有未至者而言也.(그 다음은 대현 이하 무릇 성이 또 지극하지 못한 것을 통틀어 말한 것이다.)
致, 推致也.(치는 추진하여 이루는 것이다.)
曲, 一偏也.(곡은 한쪽이다.)
形者, 積中而發外. 著則又加顯矣. 明則又有光輝發越之盛也.(형은 안에 축적하여 밖으로 드러남이요, 저는 또 더 드러남이다. 밝게 되면 또 빛나고 빼어남이 무성하게 되는 것이다.)
動者, 誠能動物.(동은 성이 능히 만물을 감동시키는 것이다.)
變者, 物從而變, 化則有不知其所以然者.(변은 만물이 따라서 변하는 것이요, 변화는 곧 그 까닭을 알지 못하는 것도 있다.)
蓋人之性, 無不同, 而氣則有異. 故, 惟聖人, 能擧其性之全體而盡之, 其次則必自其善端發見之偏而悉推致之, 以各造其極也.(대개 사람의 성품은 같지 않음이 없고, 기질은 차이가 있다. 그러므로 오직 성인만이 능히 그 본성의 전체를 다할 수 있다. 그 다음의 사람들은 반드시 그 선의 단서가 발현되는 한쪽으로부터 그것을 이루려고 전력을 다하여, 그리고 각기 그 극진함에 나아간다.)
曲無不致, 則德無不實, 而形著動變之功, 自不能已, 積而至於能化, 則其至誠之妙, 亦不異於聖人矣.(한쪽이 이루지 않음이 없으면, 덕도 진실하지 않음이 없다. 형체, 나타남, 감동, 변화의 공효는 스스로 그만둘 수 없으니, 쌓여서 능히 변화에 이르면 그 지성의 묘함이 역시 성인과 차이가 없을 것이다.)

106) 右, 第二十三章.(우[위]는 제23장이다.)
言人道也.(인도를 말한 것이다.)

해설 일관되게 성(誠)을 견지하여 행할 수 있는 힘은, 선의 목표는 반드시 이루어진다는 확고한 신념에 있는 것이다. 이 절은 보통의 사람이 선을 택하여 그것을 잡고 굳게 지켜서 종국에는 성인의 경지에 이르는 인간의 도리[人道]에 관해 설명하고 있다. 성(誠)에 이르는 각 단계를 형(形)→저(著)→명(明)→동(動)→변(變)→화(化)로 나아가 결국 어떤 경지에 도달하면 자성명(自誠明)과 같다는 것이다.

제24장 성실은 신과 같은 것

24-1. 지성의 도는

원문 至誠之道는 可以前知니 國家將興에 必有禎祥하며
지성지도 가이전지 국가장흥 필유정상

國家將亡에 必有妖孽하여 見乎蓍龜하며 動乎四體라
국가장망 필유요얼 현호시귀 동호사체

禍福將至에 善을 必先知之하며 不善을 必先知之하나니
화복장지 선 필선지지 불선 필선지지

故로 至誠은 如神이니라
고 지성 여신

자의 ㅇ將-장차 장, 문득 장. ㅇ禎-상서 정. 행운, 길상. ㅇ祥-상서 상. ㅇ妖－요귀 요, 아리따울 요. ㅇ孼－서자 얼. 요괴, 요물, 불효. ㅇ見－나타날 현. ㅇ蓍－시초 시. ㅇ龜－거북 귀.

국역 지성의 도는 앞을 내다볼 수 있는 것이니, 국가가 장차 흥할 적에는 반드시 길조(吉兆)가 있게 되며, 국가가 장차 망할 적에는 반드시 흉조(凶兆)가 있게 된다. 시초점과 거북점에 나타나며, 몸의 사지에도 감응되어 움직이게 되는지라, 화복이 앞으로 이르게 됨에, 길함을 반드시 먼저 알게 되는 것이며, 흉함을 반드시 먼저 알게 되는 것이니, 그러므로 지성은 신과 같은 것이니라.[107) 108)]

주해 107) 禎祥者, 福之兆. 妖孼者, 禍之萌. 蓍, 所以筮. 龜, 所以卜.(정상이란 복의 징조이다. 요얼이란 화의 맹아이다. 시는 주역으로 점을 치기 위한 것이다. 귀는 거북으로 점을 치기 위한 것이다.)

四體, 謂動作威儀之間, 如執玉高卑, 其容俯仰之類.(사체는 동작하는 위의의 사이에, 마치 옥홀을 잡고 높게 하고 낮게 하고, 그 용모를 구부리고 우러러보는 종류와 같은 것을 이른다.)

凡此, 皆理之先見者也.(무릇 이런 것은 모두 이치가 먼저 나타내보이는 것이다.)

然, 唯誠之至極而無一毫私僞留於心目之間者, 乃能有以察其幾焉.(그러나 오직 성이 지극하여 일호의 사사로움과 허위가 심중의 공간에 머물러 있지 않는 자라야, 이에 능히 그 기미를 관찰할 수 있는 것이다.)

神, 謂鬼神.(신은 귀신을 이른다.)

108) 右, 第二十四章.(우[위]는 제24장이다.)

言天道也.(천도를 말한 것이다.)

해설 이 절에서는 천도를 설명하고 있다. 성(誠)이 지극하면 국가나 사물의 장래에 있어서 길흉이 길조, 흉조, 시귀(蓍龜), 사람의 동작 등으로 나타나 미리 알 수 있다는 것이다. 이런 예지는 지성의 대가이며, 지성의 도에 통달한 현자의 예지력은 신과 같다는 것이다.

제25장 성실의 참된 도리

25-1. 성이라는 것은 스스로 완성하는 것이요

원문 誠者는 自成也요 而道는 自道也니라
성자 자성야 이도 자도야

자의 ㅇ而－말 이을 이. 그리고, 그러나. ㅇ道－길 도, 말할 도.

국역 성이라는 것은 스스로 완성하는 것이요, 이 길은 스스로 자기의 길을 가는 것이다.[109)]

주해 109) 言誠者, 物之所以自成. 而道者, 人之所當自行也.(성은 만물이 스스로 이루는 까닭이요, 도는 사람이 마땅히 스스로 가는 것을 말한 것이다.)
誠, 以心言, 本也. 道, 以理言, 用也.(성은 마음으로써 말한 것이니, 근본이요, 도는 이치로써 말한 것이니, 효용이다.)

해설 이 25장에서는 인도를 설명하고 있다. 그런데 여기서

성(誠)은 자기완성을 위한 근본이며, 도는 인간이 자기완성을 위해 응당 걸어가야 할 길이라는 것이다. 성이 체(體)이면 도는 용(用)이다. 자기완성은 성의 누적된 덩어리이며, 도는 그런 일의 가이드라인이다. 그러므로 성은 인(仁)과 지(智)이며, 도는 용(勇)이라 할 것이다.

25-2. 성이란 것은 만물의 시작이요, 끝이니

원문 誠者는 物之終始니 不誠이면 無物이라 是故로 君子는 誠之爲貴니라
(성자 물지종시 불성 무물 시고 군자 성지위귀)

자의 ㅇ終始－만물의 끝과 시작. ㅇ是故－그러므로, 이런 까닭에.

국역 성이란 것은 만물의 시작이요 끝이니, 성이 아니면 만물이 없는 것이니, 그러므로 군자는 그 성을 하는 것을 귀하게 여기는 것이다.[110]

주해 110) 天下之物, 皆實理之所爲.(천하 만물은 모두 실제로 각기의 도리를 다 하는 바가 있다.)
故, 必得是理然後, 有是物, 所得之理旣盡, 則是物亦盡而無有矣.(그러므로 반드시 그런 도리를 얻은 연후에 바로 만물이 되는 것이니, 얻은 이치가 이미 소진되면, 바로 그 물건 역시 소진되어 있을 수 없다.)
故, 人之心, 一有不實, 則雖有所爲, 亦如無有, 而君子必以誠爲貴

也.(그러므로 사람의 마음이 한번이라도 불실하게 되면 비록 하는 것이 있어도 역시 없는 것과 같아 군자는 반드시 성으로써 귀하게 여기는 것이다.)

蓋人之心, 能無不實, 乃爲有以自成, 而道之在我者亦無不行矣.(대개 사람의 마음은 능히 불실이 없어야 이에 스스로 이룰 수 있게 되고, 나에게 존재하는 도 역시 불행[不行]이 없게 되는 것이다.)

해설 성(誠)의 중요성을 강조하고 있다. 즉 성이 만물의 시작과 끝이라고 볼 때, 만물의 존재는 성의 결과이다. 따라서 성심이 부족한 일이 제대로 될 리가 없을 것이다. 성심이 부족한 효도, 성심이 없는 경영이나 사업도 마찬가지일 것이다.

25-3. 성은 스스로 자기를 완성할 뿐만 아니라

원문 誠者는 非自成己而已也라 所以成物也니 成己는
성자 비자성기이이야 소이성물야 성기

仁也요 成物은 知也니 性之德也라 合內外之道也니
인야 성물 지야 성지덕야 합내외지도야

故로 時措之宜也니라
고 시조지의야

자의 ㅇ己-몸 기. 자기. ㅇ已-이미 이, 그칠 이. ㅇ而已也-뿐이다. ㅇ措-둘 조, 처리할 조.

국역 성은 스스로 자기를 완성할 뿐만 아니라, 만물을 이루는 원인인 것이니, 자기자신을 완성하는 것은 인이요, 만물을 이루는 것은 지혜이니, 본성의 덕이다. 내외의 도가 합해진 것이니, 그러므로 때에 따라 처리하는 것이 마땅한 것이니라.[111) 112)]

주해 111) 誠雖所以成己, 然, 旣有以自成, 則自然及物, 而道亦行於彼矣.(성은 비록 자기를 이루기 위한 것이나, 그러나 이미 자성할 수 있으면 자연히 만물에 미치며, 도 역시 저쪽에서 행해지는 것이다.)
仁者, 體之存. 知者, 用之發, 是皆吾性之固有而無內外之殊. 旣得於己, 則見於事者以時措之而皆得其宜也.(인은 본체를 보존하는 것이요, 지는 효용의 발휘이니, 이것은 모두 나의 본성의 고유한 것으로 내외가 다름이 없는 것이다. 이미 자기로부터 얻었으면 사물에도 나타나므로 때에 따라 조처함이 모두 그 마땅함을 얻게 될 것이다.)

112) 右, 第二十五章.(우[위]는 제25장이다.)
言人道也.(인도를 말한 것이다.)

해설 여기서는 성(誠)이 내외의 도를 합일시키는 요인이라는 설명이다. 자기를 완성시키는 것은 인(仁)이며, 남을 완성시켜 주는 것은 지(知)이다. 둘 다 본성에 근거하는 덕이다. 따라서 자기는 물론, 남까지 완성시켜 주는 성심[誠]이, 곧 인과 지를 합일시키는 행동은 자연히 수시처중(隨時處中)으로써 마땅하게 된다는 것이다.

第26장 성실은 천도와 같은 것

26-1. 그러므로 지극한 정성은 휴식이 없는 것이니

원문 故로 至誠은 無息이니
고 지성 무식

자의 ㅇ息-쉴 식.

국역 그러므로 지극한 정성은 휴식이 없는 것이니,[113)]

주해 113) 旣無虛假, 自無間斷.(이미 허식과 가식이 없는지라, 스스로 중도에서 끊어짐도 없느니라.)

해설 성인의 지극한 덕을 천도의 휴식이 없음에 비유하여 설명하고 있다. 거짓과 허식이 없으면 중단이 있을 수 없는 것이다. 예컨대 생활의 풍요를 위해서는 기업이 열심히 이윤을 창출하여 이를 재투자함으로써 일자리를 만들어 내면서 경제를 동태적으로 발전시켜 나가는 장치 또한 잠시의 휴식도 있어서는 아니될 것이다.

26-2. 불식은 시간적으로 오래 가고

원문 不息則久하고 久則徵하고
불식즉구 구즉징

자의 ㅇ久-오래 구. ㅇ徵-부를 징, 음률 이름 치. 징집하다, 거두다, 조짐, 징조.

국역 불식은 시간적으로 오래 가고, 오래 하면 모든 증거물이 나타나고,[114]

주해 114) 久, 常於中也. 徵, 驗於外也.(구는 안으로부터 항상 함이요, 징은 밖으로부터 경험함이다.)

해설 쉬지 않고 성으로 가는[誠之] 마음을 항상 가지게 되면, 밖으로 어떤 반응이나 징표가 있게 된다는 것이다. 속이 성으로 꽉 차서 간절하면 구름 뒤의 달빛처럼 그 기운이 저절로 밖으로 풍길 수밖에 없을 것이다.

26-3. 증거물이 있게 되면 시공으로 장구하고

원문 徵則悠遠하고 悠遠則博厚하고 博厚則高明이니라
징 즉 유 원　　유 원 즉 박 후　　박 후 즉 고 명

자의 ㅇ悠-멀 유, 한가할 유. ㅇ遠-멀 원. ㅇ博-넓을 박. ㅇ厚-두터울 후.

국역 증거물이 있게 되면 시공으로 장구하고, 유원하면 넓고 두터워지고, 넓고 두터우면 높고 밝아지니라.[115]

주해 115) 此, 皆以其驗於外者言之, 鄭氏所謂至誠之德著於四方者, 是

也.(이것은 모두 외부에 그가 증거물로써 나타남을 말한 것인데, 정씨의 이른바 지성의 덕이 사방에서 드러난다는 것이 이것이다.)
存諸中者旣久, 則驗於外者益悠遠而無窮矣.(그 중을 보존하는 것이 이미 오래면 외부로부터 증거물이 더욱 유원하고 무궁할 것이다.)
悠遠故, 其積也廣博而深厚, 博厚故, 其發也高大而光明.(유원하므로, 그가 쌓여, 광박하고 심후한 것이다. 박후함으로, 그의 발휘가 고대하고 광명한 것이다.)

해설 성인의 덕의 작용을 유원, 박후, 고명으로 비유적으로 말하고 있다. 성인의 덕은 천지의 덕됨과 대등한 지위로 생각할 수 있다. 가령 기업이 사업을 잘한다는 것은 고객의 소리를 잘 듣고 그 의중을 정확히 파악하여 고객이 진정으로 바라는 바를 신속히 제공하는 것이므로 기업이 나아가야 할 길 또한 고객의 덕됨과 같아야 할 것이다.

26-4. 넓고 두터운 것은 만물을 실을 수 있는 까닭이 되고

원문 博厚는 所以載物也요 高明은 所以覆物也요 悠久는 所以成物也니라
(박후 소이재물야 고명 소이부물야 유구 소이성물야)

자의 ㅇ所以－까닭. ㅇ載－실을 재. ㅇ覆－덮을 부, 엎어질 복.

국역 넓고 두터운 것은 만물을 실을 수 있는 까닭이 되고, 높고 밝은 것은 만물을 덮을 수 있는 까닭이 되고, 시간적

으로 오래되는 것은 만물을 이루어 내는 까닭이 되느니라.[116]

주해 116) 悠久, 卽悠遠, 兼內外而言之也.(유구는 즉 유원함이니, 내외를 겸하여 그것을 말한 것이다.)
本以悠遠致高厚, 而高厚又悠久也, 此, 言聖人與天地同用.(본래 유원으로써 높고 두터움을 이루고, 고명하고 박후하면 또 유구하게 되니, 이것은 성인이 천지와 더불어 효용이 같은 것을 말한 것이다.)

해설 여기서는 앞절에서 말한, 박후는 재물(載物), 고명은 부물(覆物), 유원은 성물(成物)을 결과한다는 것인데, 성인의 덕을 만물을 싣고 있는 땅의 작용, 만물을 덮고 있는 하늘의 작용에 비유하여 말한 것이다.

26-5. 넓고 두터운 것은 땅과 배합하고

원문 **博厚**는 **配地**하고 **高明**은 **配天**하니 **悠久**는 **無疆**이니라
박후 배지 고명 배천 유구 무강

자의 ㅇ配-짝 배. ㅇ疆-지경 강.

국역 넓고 두터운 것은 땅과 배합하고, 높고 밝은 것은 하늘과 배합하니, 유구함은 한계가 없느니라.[117]

주해 117) 此, 言聖人與天地同體.(이것은 성인이 천지와 더불어 같은 본체임을 말한 것이다.)

해설 성인의 덕의 박후, 고명함은 땅이나 하늘과 같고, 유구함은 시간적으로나 공간적으로 무한하다는 것이다. 결국 성인의 덕은 천지와 동일체란 뜻이다.

26-6. 이와 같은 사람은 보여주려고 나타내지 않아도 자연히 문채가 나타나고

원문 如此者는 不見而章하며 不動而變하며 無爲而成이니라
(여차자 불현이장 부동이변 무위이성)

자의 ㅇ見－나타날 현. ㅇ章－글 장. 무늬. ㅇ無爲－인위가 없이.

국역 이와 같은 사람은 보여주려고 나타내지 않아도 자연스럽게 문채가 나타나며, 작동을 아니하여도 자연히 변하며, 작위함이 없이도 이루어지느니라.[118)]

주해 118) 見, 猶示也. 不見而章, 以配地而言也. 不動而變, 以配天而言也. 無爲而成, 以無疆而言也.(현은 시[示]와 같다. 보여주지 않아도 문채가 드러남은 땅에 짝하기 위하여 말한 것이다. 움직이지 않아도 변하는 것은 하늘에 짝하기 위하여 말한 것이다. 작위가 없어도 이루어진다는 것은 무한한 것으로써 말한 것이다.)

해설 마치 천지와 같은 덕을 가진 자는 덕을 나타내려 하지 않아도 나타나고, 작동하려 하지 않아도 사람들의 마음을 움직여 변화시키며, 애써 이루려 하지 않아도 사람들이 덕을 이루게 하여 잘 다스린다는 것이다. 따라서 천지의 덕과 동일시하는 것이다.

26-7. 천지의 도는

원문 天地之道는 可一言而盡也니 其爲物不貳라 則其
천지지도 가일언이진야 기위물불이 즉기

生物不測이니라
생물불측

자의 ㅇ貳-두 이, 변할 이, 도울 이. ㅇ測-잴 측, 헤아릴 측.

국역 천지의 도는 한마디 말[誠]로써 다 나타낼 수 있으니, 그 천지가 물이 되는 것이 둘이 아니라 하나이다. 곧 그 하나가 되면 그 물을 만들어 냄이 헤아릴 수 없이 많으니라.[119]

주해 119) 此以下, 復以天地, 明至誠無息之功用.(이 이하는 다시 천지로써 지성무식의 효용[기능]을 밝힌 것이다.)
天地之道可一言而盡, 不過曰誠而已.(천지의 도는 일언으로 다할 수 있다는 것은, 말하자면 성에 불과할 뿐이다.)
不貳, 所以誠也, 誠故, 不息而生物之多, 有莫知其所以然者.(둘이 아니라는 것은 성인 까닭이니, 성이라는 이유로, 그치지 않고 만물을 생산해 내는 것이 많으나, 그 까닭을 알지 못하는 것도 있다.)

해설 천지의 도나, 만물을 다스리는 방법이, 성(誠)이라는 한 마디로 표현할 수 있다는 것이다. 천지는 성(誠)으로써 만물을 생장시키며 그 결과는 헤아릴 수 없이 무수하다는 것이다.

26-8. 천지의 도는

원문 天地之道는 博也厚也高也明也悠也久也니라
천 지 지 도 박 야 후 야 고 야 명 야 유 야 구 야

자의 ㅇ博-넓을 박. ㅇ厚-두터울 후. ㅇ悠-멀 유, 한가할 유.

국역 천지의 도는 도량이 넓고, 신임이 두텁고, 지혜를 높이고, 이치를 밝게 하고, 유장하고, 무한히 오래 하니라.[120)]

주해 120) 言天地之道誠一不貳故, 能各極其盛, 而有下文生物之功. (천지의 도가 성실하고 오직 하나이며 둘이 아닌 고로, 능히 각기 그 왕성함을 지극히 하여, 아랫글의 만물을 생산하는 기능이 있음을 말한 것이다.)

해설 여기서는 천지지도(天地之道)의 규모를 말하고 있다. 그렇다면 인도 역시 성(誠)이면 이와 같아질 수 있음을 암시한 것으로 볼 수 있을 것이다.

26-9. 그런데 지금 대저 하늘이

원문 今夫天이 斯昭昭之多로되 及其無窮也하여는 日月星辰繫焉하며 萬物覆焉이니라 今夫地이 一撮土之多로되 及其廣厚하여는 載華嶽而不重하며 振河海而不洩하며 萬物載焉이니라 今夫山이 一卷石之多로되 及其廣大하여는 草木生之하며 禽獸居之하며 寶藏興焉이니라 今夫水이 一勺之多로되 及其不測하여는 黿鼉蛟龍魚鱉生焉하며 貨財殖焉이니라

금부천 사소소지다 급기무궁야 일월성신계언 만물부언 금부지 일촬토지다 급기광후 재화악이부중 진하해이불설 만물재언 금부산 일권석지다 급기광대 초목생지 금수거지 보장흥언 금부수 일작지다 급기불측 원타교룡어별생언 화재식언

자의 ㅇ夫－대저, 무릇, ~구려, (이)것, (저)것. ㅇ斯－이 사. ㅇ昭－밝을 소. ㅇ窮－궁할 궁. ㅇ繫－맬 계. ㅇ覆－덮을 부. ㅇ撮－집을 촬, 모을 촬. ㅇ華－빛날 화. ㅇ嶽－뫼뿌리 악. ㅇ振－떨칠 진. ㅇ洩－샐 설. ㅇ卷－주먹 권. ㅇ禽－새 금. ㅇ獸－짐승 수. ㅇ寶－보배 보. ㅇ藏－감출 장. ㅇ勺－구기 작. 양의 단위, 1홉[合]의 10분의 1. ㅇ黿－큰 자라 원. ㅇ鼉－악어 타. ㅇ蛟－교룡 교. ㅇ鱉－자라 별. ㅇ殖－불을 식.

국역 그런데 지금 대저 하늘이 이에 작고 작은 밝음이 많이 모인 것이니, 그 끝없음에 미쳐서는 해와 달과 별들이 그 하늘에 매여 있으며, 만물이 하늘에 덮여져 있느니라. 그런데 지금 대저, 땅이라는 것은 한줌 흙이 많이 모인 것이니, 그 광대하고 두터움에 미쳐서는 큰 산을 싣고도 무겁다고 하지 아니하며, 강과 바닷물이 진동을 하여도 새지 아니하며, 만물이 땅에 실려져 있느니라. 그런데 지금 대저, 산이라는 것은 한 주먹만한 돌이 많이 모여서 된 것이니, 그것이 넓고 큼에 미쳐서는 초목이 그곳에서 나며 금수가 그 산에 살며 매장된 보물이 거기서 나오느니라. 그런데 지금 대저 물이란 것은 한 작의 물이 많이 모여서 된 것이니, 그 헤아릴 수 없도록 많이 모임에 미쳐서는 거북, 악어, 교룡, 용, 물고기, 자라가 거기서 살고 있으며, 화물과 재물이 거기서 번식하고 있느니라.[121]

주해 121) 昭昭, 猶耿耿, 小明也. 此, 指其一處而言之.(소소는 밝다와 같으니, 조금 밝은 것이다. 이것은 그 한곳을 가리켜 말한 것이다.)
及其無窮, 猶十二章及其至也之意, 蓋擧全體而言也.(급기무궁은, 12장의 급기지야의 뜻과 같으니, 대개 전체를 들어 말한 것이다.)
振, 收也.(진은 수렴이다.)
卷, 區也. 此四條, 皆以發明由其不貳不息, 以致盛大而能生物之意.(권은 구획이다. 이 네 조목은 모두 그 불이불식으로부터 발명하기 위한 것이며, 성대하며 능히 만물을 생산하는 뜻을 이루기 위한 것이다.)
然, 天地山川, 實非由積累而後大, 讀者不以辭害意, 可也.(그러나

천지 산천은 실제는 누적을 경유하여 뒤에 커진 것이 아니니, 독자는 말로써 뜻을 해치지 않아야 옳을 것이다.)

해설 이 절에서는 천지지도(天地之道)가 쉴새없이 이루어지는 형태를 설명하고 있다. 하늘이든 땅이든 따지고 보면 작은 별빛, 흙덩이의 집합에 불과하다. 그런데도 그 속에 산과 강이 있고 또 그 산하(山河)에는 무수한 생물과 보물이 있으며, 그들의 성품에 따라 쉴새없이 작용하는 그 자체가 천지지도의 진실인 것이다.

26-10. 《시경》에 이르기를 하늘과 땅의 천명이

원문 詩云 維天之命이 於穆不已라하니 蓋曰天之所以
시운 유천지명 오목불이 개왈천지소이

爲天也요 於乎不顯가 文王之德之純이여하니 蓋曰文
위천야 오호불현 문왕지덕지순 개왈문

王之所以爲文也純亦不已니라
왕지소이위문야순역불이

자의 ㅇ維－맬 유, 바 유. ㅇ於－감탄사 오, 어조사 어. ㅇ穆－화목 목. ㅇ蓋－덮을 개. 대개, 아마. ㅇ顯－밝을 현. ㅇ純－순수할 순, 선두를 준.

국역 《시경》에 이르기를 하늘과 땅의 천명이, 아! 무한히 화목하여 그치지 아니하구나 하였으니 대개 하늘이 하늘된 까닭을 말한 것이요, 아! 위대함이 나타나지 아니하였는가? 문왕의 덕의 순수함이여 하였으니 대개 문왕이 문왕된 까닭이 순수하여 역시 중지함이 없음을 말하는 것이다.[122) 123)]

(주해) 122) 詩, 周頌維天之命篇.(시는 《시경》 〈주송편〉 '유천지명장'이다.)
於, 歎辭. 穆, 深遠也. 不顯, 猶言豈不顯也. 純, 純一不雜也.(오는 감탄사이다. 목은 깊고 먼 것이다. 불현은 어찌 드러나지 않겠는가란 말과 같다. 순은 순일하고 잡되지 않음이다.)
引此以明至誠無息之意.(이것을 인용하여 지성 무식의 뜻을 밝혔다.)
程子曰 : 天道不已, 文王, 純於天道亦不已, 純則無二無雜, 不已則無間斷先後.(정자가 말하였다. 천도는 그치지 아니하거늘, 문왕도 천도보다 순수하여 역시 그치지 아니하니, 순수하면' 둘이 없고, 잡됨이 없고, 그치지 않으면 간단과 선후도 없는 것이다.)

123) 右, 第二十六章.(우[위]는 제26장이다.)
言天道也.(천도를 말한 것이다.)

(해설) 이 절에서는 하늘의 위대함과 문왕의 덕이 지극한 것을 말하고 있다. 하늘의 도가 끊어지지 않고 오래일 수 있는 까닭은 오직 진실 그대로이기 때문인데, 문왕의 덕 역시 진실 그대로이므로 영원하리라는 것이다. 여기에 인용된 시는 〈주송(周頌)편〉 '유천지명(維天之命)장'으로 문왕의 제사 때에 부르는 노래이다.

제27장 성인론

27-1. 참으로 위대하구나! 성인의 도여

원문 大哉라 聖人之道여
대 재 성 인 지 도

자의 ㅇ大-크다, 많다, 매우, 완전히, 명백히. ㅇ哉-어조사 재.

국역 참으로 위대하구나! 성인의 도여![124)]

주해 124) 包下文兩節而言.(하문의 두 절을 포함하여 말한 것이다.)

해설 여기의 27장~32장은 대덕과 소덕을 설명한 내용이다. 그 중에서 여기서는 다음 2절과 3절의 내용이 성인의 도로써 참으로 위대하다는 말이다. 성인의 도는 천지의 덕에 비유하여 조금의 손색이 없다는 의미이다. 그러나 성왕이 만든 예의제도가 참으로 크고 훌륭할지라도 그것을 이해할 수 있는 위정자가 있을 때에야 그 효용이 제대로 나타난다는 것이다.

27-2. 풍부하구나!

원문 洋洋乎發育萬物하여 峻極于天이로다
양 양 호 발 육 만 물 준 극 우 천

자의 ㅇ洋-큰 바다 양. ㅇ洋洋-가득하다, 풍부하다, 충만하다. ㅇ峻-높을 준. ㅇ極-극 극, 용마루 극. ㅇ于-어조사 우, 갈 우. 에서, 에게(=於).

국역 풍부하구나! 만사 만물을 생육하고 높고 큼이 하늘의 극에 이르렀도다.[125)]

주해 125) 峻, 高大也. 此言道之極於至大而無外也.(준은 고대한 것이다. 이것은 도가 지극히 크고, 밖이 없음을 말한 것이다.)

해설 성인의 도는 매우 큰 모습으로 보일 수 있다. 그것은 너무나 풍부하여 만사만물을 낳아 길러내는데, 그 작용의 위대함이 하늘에 비유할 만하다는 것이다.

27-3. 부족함없이 넉넉하고 크도다

원문 優優大哉라 禮儀三百이요 威儀三千이로다
우우대재 예의삼백 위의삼천

자의 ㅇ優-뛰어날 우, 넉넉할 우. ㅇ禮儀-《예기》에 경례(經禮) 3백, 곡례(曲禮) 3천이란 말이 있는데, 여기의 예의(禮儀)는 경례, 즉 관혼상제 등 예의 대강을 말하며, 위의(威儀)는 곡례를 말하는데, 그 밑에 일반 행동거지에 관한 소목(小目)이 3천개가 있다고 한다. ㅇ威-위엄 위.

국역 부족함없이 넉넉하고 크도다! 경례 상·중·하 전부와 곡례 상·중·하 전부로다.[126)]

주해 126) 優優, 充足有餘之意.(우우는 충족되어 여유가 있다는 뜻이다.)
禮儀, 經禮也.(예의는 경례이다.)
威儀, 曲禮也.(위의는 곡례이다.)
此, 言道之入於至小而無間也.(이것은 도가 지극히 작은 데 들어가 틈이 없음을 말한 것이다.)

해설 성인의 도는 넉넉하고 크다. 예컨대 3백 가지의 예의나 3천 가지의 위의가 모두 성인의 도에 하나로 포괄될 뿐이다. 따라서 한없이 넉넉하고도 큰 성인의 도를 찬양할 수밖에 없는 것이다.

27-4. 기다려 그런 사람이 나온 뒤에야

원문 待其人而後에 行이니라
대 기 인 이 후 　행

자의 ㅇ待－기다릴 대, 대접할 대.

국역 (성인의 도를 체득한 사람을) 기다려 그런 사람이 나온 뒤에야, 도가 실행되느니라.[127)]

주해 127) 總結上兩節.(위의 두 절을 모두 맺은 것이다.)

해설 성인의 도는 하늘만큼 높고 크게 나타나기도 하며, 예의의 절목처럼 섬세한 모습으로도 나타날 수 있다. 이렇게 능소능대할 수 있는 성인을 만나야 그 도를 이룰 수 있다는 것이며, 그런 성인을 만나는 것은 진실로 행운인 것이다.

27-5. 그러므로 진실로 지극한 덕이 있지 아니하면

원문 故로 曰 苟不至德이면 至道不凝焉이라하니라
고 왈 구부지덕 지도불응언

자의 ㅇ苟-진실로 구. ㅇ凝-어릴 응. ㅇ焉-어차(於此).

국역 그러므로 진실로 지극한 덕이 있지 아니하면 지극한 도는 세상에 응결되지 아니한다고 말한 것이니라.[128]

주해 128) 至德, 謂其人. 至道, 指上兩節而言. 凝, 聚也, 成也.(지덕은 그 사람을 이르고, 지도는 위의 두 절을 가리켜 말한 것이며, 응은 모임이며 이룸이다.)

해설 따라서 지극한 도는 진실로 지극한 덕에 의하여 비로소 세상에 응결되어 유용하게 작용하게 된다는 것이다. 따라서 세상 사람들은 지극한 덕을 가진 성인을 만나야 그런 덕을 본받을 수 있는데 지금 상황이 그렇지 못하다는 것이다.

27-6. 그러므로 군자는

원문 故로 君子는 尊德性而道問學이니 致廣大而盡精
고 군자 존덕성이도문학 치광대이진정

微하며 極高明而道中庸하며 溫故而知新하며 敦厚以
미 극고명이도중용 온고이지신 돈후이

崇禮니라
숭례

자의 ㅇ尊－높일 존. ㅇ盡－다할 진. ㅇ微－작을 미. ㅇ敦－도타울 돈. ㅇ厚－두터울 후. ㅇ崇－높일 숭.

국역 그러므로 군자는 덕성을 존중하되 묻고 배우는 학문의 길로 가는 것이니, 광대함에 이르되 순수하고 정밀한 것까지 다 알아야 하며, 덕은 태양처럼 지극히 높고 밝게 하되 행동은 중용의 도로 하며, 옛일의 원인을 익혀 알되 새로운 원리를 알아야 하며, 정신을 두텁고 돈독히 하고 예를 높이는 것이니라.[129)]

주해 129) 尊者, 恭敬奉持之意.(존은 공경하여 받들어 가진다는 뜻이다.)
德性者, 吾所受於天之正理.(덕성은 내가 하늘로부터 받은 바 정리이다.)
道, 由也. 溫, 猶燖溫之溫, 謂故學之矣. 復時習之也. 敦, 加厚也.(도는 경유함이다. 온은 심온의 온과 같으니, 옛날에 그것을 배우고 다시 때때로 익히는 것을 이른다. 돈은 더욱 두터이 함이다.)
尊德性, 所以存心而極乎道體之大也.(존덕성은 마음을 보존하여 도체의 크기를 지극히 하기 위한 것이다.)
道問學, 所以致知而盡乎道體之細也. 二者, 修德凝道之大端也.(도문학은 앎을 지극히 하여 도체의 자세함을 다하기 위한 것이다. 둘은 덕을 닦아 도를 이루는 큰 단서이다.)
不以一毫私意自蔽, 不以一毫私欲自累, 涵泳乎其所已知, 敦篤乎

其所已能, 此皆存心之屬也.(일호의 사의로써 스스로를 엄폐하지 아니하고, 일호의 사욕으로써 스스로를 흠이 되지 않게 하며, 그의 이미 아는 바를 함영하고, 그의 이미 능한 바를 돈독히 하는 것은, 이것은 모두 마음을 보존하는 등속이다.)

析理則不使有毫釐之差, 處事則不使有過不及之謬, 理義則日知其所未知, 節文則日謹其所未謹, 此皆致知之屬也.(이치를 분석함에 털끝만큼의 차이도 있지 않게끔 하고, 일을 처리함에 과불급의 오류가 있지 않게끔 하며, 뜻을 관리함에 날마다 그의 알지 못하던 바를 알게 하고, 문장을 꾾음에 날마다 그의 신중하지 못한 바를 신중하게 함은, 이것은 다 앎을 지극히 하는 등속이다.)

蓋非存心, 無以致知, 而存心者, 又不可以不致知.(대개 마음을 보존하지 않으면 앎을 지극히 할 수 없고, 존심을 한 자도 또 치지를 아니할 수 없다.)

故, 此五句, 大小相資, 首尾相應, 聖賢所示入德之方, 莫詳於此, 學者宜盡心焉.(그러므로 이 다섯 구는 대소가 서로 돕고, 수미가 상응하여, 성현이 덕에 들어가는 방식을 보여준 것이 이것보다 상세한 것은 없다. 학자는 마땅히 마음을 다하여야 할 것이다.)

해설 이 절에서는 군자가 덕성을 키우는 방식에 관해, 안으로는 그 덕성이 광대함에 이르고 극히 고명하게 하는 한편, 밖으로는 묻고 배우는 길을 택하되 전부 정미하도록 하여 중용의 도리를 터득하라는 것이다. 물론 도에서 이탈하지 않게 하는 가이드라인인 온고지신과 예(禮)를 존중하고 준거하여야 함은 말할 필요가 없다. 덕성의 함양에 관해 맹자는 〈고자 상〉 제8장에서 말하고, 학문으로 덕성을 넓히는 것에 관해서 공자는 《논어》 〈위정편〉 2-11, 〈자장편〉 19-6에서 말하고 있다.

27-7. 그러므로 윗자리에 있으면서도 교만하지 않으며

원문 是故로 居上不驕하며 爲下不倍라 國有道에 其言이 足以興이요 國無道에 其默이 足以容이니 詩曰 旣明且哲하여 以保其身이라하니 其此之謂與인저
시고 거상불교 위하불배 국유도 기언 족이흥 국무도 기묵 족이용 시왈 기명차철 이보기신 기차지위여

자의 ㅇ驕－교만할 교. ㅇ倍－배반할 배, 곱 배. ㅇ默－잠잠할 묵. ㅇ哲－밝을 철.

국역 그러므로 윗자리에 있으면서도 교만하지 않으며, 아랫자리에 있으면서도 배반되는 일을 않는다. 나라에 정도가 행해질 적에 그 말이 충분히 흥기시킬 수 있고, 나라에 정도가 행해지지 아니할 적에 그 침묵이 충분히 용납될 수 있다. 《시경》에 이미 밝고 또 밝아, 그 자신을 보존한다고 했으니, 그것은 아마 이것을 말한 것일 것이다.[130)]

주해 130) 興, 謂興起在位也. 詩, 大雅烝民之篇.(흥은 어떤 지위에 있는 자를 감흥으로 일으킴을 이른다. 시는 《시경》〈대아편〉'증민장'이다.)

右, 第二十七章.(우[위]는 제27장이다.)

言人道也.(인도를 말한 것이다.)

해설 이미 말한 덕성(德性)과 문학(問學)을 가진 자의 행동을 여기서 볼 수 있다. 그의 덕은 상위에 있어서도 교만하지 않고, 하위에 있어서 그 군주를 배반하지 않고, 오직 자기의 임무에 충실할 뿐이다. 따라서 나라에 정도가 행해지는 때에는 정치에 참여하나, 정치가 문란하면 물러나 침묵을 지킨다. 인용한 《시경》의 구절 역시 이것을 노래한 것일 뿐이다.

제28장 당시의 형편에 순응

28-1. 자왈. 우매하면서도

원문 子曰 愚而好自用하며 賤而好自專이요 生乎今之
자왈 우이호자용 천이호자전 생호금지

世하여 反古之道면 如此者는 災及其身者也니라
세 반고지도 여차자 재급기신자야

자의 ㅇ愚－어리석을 우. ㅇ賤－천할 천. ㅇ專－오로지할 전. ㅇ災－재앙 재.

국역 공자께서 말씀하셨다. 우매하면서도 스스로 마음대로 적용하기를 좋아하며, 지위가 비천하면서도 자기 마음대로 전단하기를 좋아하며, 오늘의 세상에 살고 있으면서 옛날의 가던 길과 반대로 하면, 이와 같이 하는 자는 재앙이

그 자신에게 미치게 되느니라.[131]

(주해) 131) 以上, 孔子之言, 子思引之. 反, 復也.(이상은 공자의 말씀이다. 자사가 이것을 인용하였다. 반은 다시 함이다.)

(해설) 이 장은 인도(人道)에 관해 말하고 있다. 어리석은 자는 덕이 없고, 천한 자는 지위가 없다. 따라서 어리석으면서 자기 생각의 채용을 고집하거나, 지위가 낮으면서 자기 마음대로 일을 처리하거나, 옛날의 법도를 함부로 고치려 하면 재앙이 그 자신에 미칠 수밖에 없다. 그런 자의 행위는 이미 중용을 이탈하였기 때문이다.

28-2. 천자가 아니면

(원문) **非天子**면 **不議禮**하며 **不制度**하며 **不考文**이니라
비천자 불의례 부제도 불고문

(자의) o議－의논할 의. o制－지을 제. o考－상고할 고.

(국역) 천자가 아니면 천하의 사람들이 지켜야 할 예를 의논하지 못하며, 제도를 만들지 못하며, 문자를 고안하지 못하느니라.[132]

(주해) 132) 此以下, 子思之言. 禮, 親疎貴賤相接之體也. 度, 品制. 文, 書名.(이 이하는 자사의 말이다. 예는 친소와 귀천이 서로 대하는

본체이다. 도는 제도이며, 문은 문자의 이름이다.)

해설 윗사람이 하는 일의 내용을 말하고 있다. 천하의 예의, 제도, 문자를 통일함으로써 관리의 효율성을 도모하고자 한 것이다. 그런데 천자라고 하여 치인(治人)의 기준을 독단적으로 만들어 내는 것이 아니라 반드시 사람들이 하고자 하는 바를 살피고 물어서 거기에 따를 때에야 비로소 그것이 천하의 제도로 될 것이다.

28-3. 그런데 지금 수레 좌우 바퀴의 간격을

원문 今天下 車同軌하며 書同文하며 行同倫이니라
금천하 거동궤 서동문 행동륜

자의 ㅇ軌-수레바퀴 사이 궤. ㅇ倫-인륜 륜.

국역 그런데 지금, 수레 좌우 바퀴의 간격을 같이하고 있으며, 글에는 문자가 같으며, 행동에 인륜도 같이하고 있느니라.[133)]

주해 133) 今, 子思自謂當時也. 軌, 轍迹之度. 倫, 次序之體. 三者皆同, 言天下一統也.(금은 자사 자신이 당시를 이른 것이다. 궤는 수레바퀴 자국의 칫수이다. 윤은 차례의 본체이다. 셋이 모두 같음은 천하가 통일된 것을 말한다.)

해설 천자만이 백성들로 하여금 같은 궤도, 같은 문자, 같은 예의에 의한 생활을 하게 함으로써 제후나 지방, 그리고 변방을 하나로 묶어 효율적으로 관리할 수 있다는 것이다.

28-4. 비록 그런 지위에 있으나

원문 雖有其位나 苟無其德이면 不敢作禮樂焉이며 雖有其德이나 苟無其位면 亦不敢作禮樂焉이니라
수유기위 구무기덕 불감작예악언 수유기덕 구무기위 역불감작예악언

자의 ㅇ雖-비록 수. ㅇ苟-진실로 구. ㅇ敢-구태여 감.

국역 비록 그런 지위에 있으나, 진실로 그런 덕이 없으면 감히 천하에 공통되는 예악을 만들 수 없으며, 비록 성인의 덕을 가지고 있더라도 진실로 그런 지위에 없으면, 역시 감히 천하에 공통되는 예악을 만들 수 없느니라.[134)]

주해 134) 鄭氏曰 : 言作禮樂者, 必聖人在天子之位.(정씨가 말하였다. 예악을 만드는 자는 반드시 성인이 천자의 지위에 있어야 함을 말한 것이라 한다.)

해설 고대 중국에서는 예(禮)로써 사람의 행동규범으로 삼고, 악(樂)으로써 인간의 감정을 순화시켜 사회를 다스리고자 하였다. 따라서 선치(善治)의 도구였던 이 예악은 천자나 성인만이 만들 수 있다는 것이다. 이런 기준을 이탈한 행위

가 바로 앞절에 나온 우이호자용(愚而好自用)이며 천이호자전(賤而好自專)인 것이다.

28-5. 자왈. 내 하나라의 예악을 좋아하지만

원문 子曰 吾説夏禮나 杞不足徵也요 吾學殷禮하니 有
자왈 오열하례 기부족징야 오학은례 유

宋存焉이어니와 吾學周禮하니 今用之라 吾從周하리라
송존언 오학주례 금용지 오종주

자의 ㅇ說-기뻐할 열. ㅇ杞-구기자 기. 기나라를 가리킴. 무왕이 하나라 우(禹)의 후예를 기(杞)에 봉하여 우임금의 제사를 지내게 하였으니, 하나라의 말세(末世)가 기나라이다. ㅇ徵-부를 징. 음률 치. 증명하다, 징조. ㅇ宋-송나라. 성왕이 미자(薇子)를 송에 봉하여 은나라 탕왕(湯王)의 제사를 지내게 하였으니, 은나라의 말세가 송나라이다. ㅇ吾-나 오.

국역 공자께서 말씀하셨다. 내 하나라의 예악을 좋아하지만, 기나라는 증거가 부족하고, 내 은나라의 예악을 배워서 알고 있으나, 송나라에 은나라의 예악이 남아 있지만, 내가 주나라의 예악을 배워서 알고 있는데 지금 그것을 쓰고 있으니, 내 주나라의 예악을 따르리라.[135) 136)]

주해 135) 此, 又引孔子之言.(이것은 또 공자의 말씀을 인용한 것이다.) 杞, 夏之後. 徵, 證也. 宋, 殷之後.(기는 하나라의 후예이다. 징은, 증거이다. 송은 은나라의 후예이다.)

三代之禮, 孔子皆嘗學之而能言其意, 但夏禮, 旣不可考證. 殷禮, 雖存, 又非當世之法.(3대의 예를 공자는 모두 일찍이 배워, 능히 그 뜻을 말할 수 있었으나, 다만 하나라의 예는 이미 고증할 수 없고, 은나라의 예는 비록 남아 있으나, 또 당세의 법이 아니다.)
惟周禮, 乃時王之制, 今日所用. 孔子旣不得位, 則從周而已.(오직 주나라의 예는 이에 당시의 왕의 제도이고, 금일에 사용하는 것이다. 공자는 이미 지위를 얻지 못하였으니, 주나라의 예를 따를 뿐이다.)

136) 右, 第二十八章.(우[위]는 제28장이다.)
承上章爲下不倍而言, 亦人道也.(상장의 아랫사람이 배반하지 않는다는 것을 이어서 말하였으니, 역시 인도이다.)

해설 공자 같은 성인도 알 수 있다고 해서 옛것을 고집하지 않는다. 현재의 것이 훌륭하면 세속을 거스르지 않고 그것에 따르겠다고 하는 수시처중(隨時處中)의 태도를 엿볼 수 있는 내용이다. 본문의 내용이 《논어》〈팔일편〉 3-9와 3-14에 나온다.

제29장 군자의 도

29-1. 임금이 천하를 경영함에

원문 王天下 有三重焉하니 其寡過矣乎인저
왕천하 유삼중언 기과과의호

자의 ㅇ寡-적을 과. ㅇ過-지날 과, 허물 과.

국역 임금이 천하를 경영함에, 거기에 세 가지 중요한 것이

있음을 알아야 하니, 그것을 알면 아마 과실이 적을 것이다.[137]

주해 137) 呂氏曰：三重, 謂議禮, 制度, 考文, 惟天子得以行之, 則國不異政, 家不殊俗, 而人得寡過矣.(여씨가 말하였다. 3중은 의례, 제도, 고문을 이른다. 오직 천자가 그것을 행할 수 있으면, 나라에는 이상한 정사가 없고, 가정에는 이상한 풍속이 없고, 인민에게는 과실이 적을 것이다.)

해설 이 장에서는 인도를 말하고 있다. 천하를 다스리는 임금만이 의례(議禮), 제도(制度), 고문(考文)의 세 가지를 통일하고 적용할 수 있다. 그 일을 제대로 할 수 있으면 임금으로서 허물이 적게 업무를 수행할 수 있다는 것이다. 그런데 이 세 가지는 임금이라 하여 다 할 수 있는 것이 아니다. 오직 성군만이 할 수 있는 것이다. 허물에 관해 공자는 《논어》 〈헌문편〉 14-26, 〈자장편〉 19-21에서도 말하고 있다.

29-2. 상고시대의 예는

원문 上焉者는 雖善이나 無徵이니 無徵이라 不信이요 不信이라 民弗從이니라 下焉者는 雖善이나 不尊이니 不尊이라 不信이요 不信이라 民弗從이니라

상언자 수선 무징 무징 불신 불신 민불종 하언자 수선 부존 부존 불신 불신 민불종

자의 ㅇ焉-어차(於此). ㅇ雖-비록 수. ㅇ徵-징험할 징. ㅇ善-잘하다, 좋다. ㅇ弗-아닐 불.

국역 상고시대의 예는 비록 좋으나 증거가 없다. 증거로 삼을 수 없기 때문에 믿지 못하는 것이요, 믿지 못하기 때문에 백성들은 따르지 않는 것이다. 하위자는 비록 예를 잘 아나 지위가 높지 못하다. 지위가 높지 못하니 믿지 못하는 것이요, 믿지 못하기 때문에 백성들은 따르지 않는 것이다.[138]

주해 138) 上焉者, 謂時王以前, 如夏商之禮雖善, 而皆不可考.(상언이란 지금 이전을 이르니, 하나라, 상나라의 예가 비록 좋으나 모두 상고할 수 없음과 같고,)
下焉者, 謂聖人在下, 如孔子雖善於禮, 而不在尊位也.(하언이란 성인이 하위에 있음을 이르니, 공자가 비록 예에 대해서 잘 아시나 존위에 있지 못함과 같은 것이다.)

해설 하(夏)·은(殷)의 예, 제도, 문자가 아무리 아름다웠더라도 확실한 증거가 없으니 환히 알 수 없어, 백성들이 믿고 따르지 않는다. 공자 같은 성인일지라도 임금의 지위에 있지 않으니, 예악의 제도를 새로 만들 수 없다. 따라서 오직 주나라의 것을 따를 수밖에 없다. 이런 것이 중용의 시각일 것이다.

29-3. 그러므로 군자의 도는

원문 故로 君子之道는 本諸身하여 徵諸庶民하며 考諸三
고 군자지도 본저신 징저서민 고저삼

王而不謬하며 建諸天地而不悖하며 質諸鬼神而無疑
왕이불류 건저천지이불패 질저귀신이무의

하며 百世以俟聖人而不惑이니라
백세이사성인이불혹

자의 ㅇ諸－지어(之於), 중용의 도. ㅇ庶－무리 서. ㅇ三王－하의 우왕(禹王), 은의 탕왕(湯王), 주의 문왕(文王). ㅇ謬－그릇될 류. ㅇ悖－어그러질 패. ㅇ俟－기다릴 사.

국역 그러므로 군자의 도는, 자기 자신에 중용의 도를 근본으로 하여, 그것을 서민에게 실증하며, 그것을 삼왕에 조사해 보아도 그릇되지 아니하며, 천지지도에 세워도 거슬리지 아니하며, 귀신에게 질문해 보아도 의문이 없으며, 먼 후세, 그리고 성인을 기다려도 의혹됨이 없음이니라.[139)]

주해 139) 此君子, 指王天下者而言. 其道, 卽議禮制度考文之事也.(여기서 군자는 천하를 다스리는 왕을 가리켜 말한 것이다. 그 도는 즉 의례, 제도, 고문의 일이다.)
本諸身, 有其德也. 徵諸庶民, 驗其所信從也.(그 자신에 근본을 둔다는 것은 그 덕을 가지는 것이요, 서민에 징험한다는 것은 그 믿고 따름을 경험한다는 것이다.)

建, 立也, 立於此而參於彼也.(건은 건립이니, 여기에 세워 저기에 참여하는 것이다.)

天地者, 道也. 鬼神者, 造化之迹也.(천지라는 것은 도이며, 귀신이란 것은 조화의 흔적이다.)

百世以俟聖人而不惑, 所謂聖人復起, 不易吾言者也.(백세, 그리고 성인을 기다려도 의혹이 없다는 것은 이른바 성인이 다시 나와도 나의 말을 바꾸지 않을 것이다.)

해설 군자의 도(道)란 앞절에서 논의한 천하를 다스리는 세 가지 중요한 일, 즉 규범이라 하겠다. 이 규범은 덕에 의거하여야 하며, 백성들이 따라주어야 하며, 3대의 성군에 어긋남이 없어야 하며, 천지의 도에도 맞아야 하며, 후세의 성인으로부터도 의혹받지 않아야 한다. 마지막의 명제는《맹자》〈등문공 하〉 제9장에도 나온다.

29-4. 그 중용지도를 귀신에게 물어봐도 의혹되지 않음은

원문 質諸鬼神而無疑는 知天也요 百世以俟聖人而不惑은 知人也니라
질저귀신이무의 지천야 백세이사성인이불혹 지인야

자의 ㅇ質－물을 질, 바탕 질. ㅇ鬼－귀신 귀. ㅇ疑－의심할 의. ㅇ以－그리고, 그 위에. ㅇ俟－기다릴 사. ㅇ惑－미혹할 혹.

국역 그 중용지도를 귀신에게 물어봐도 의혹되지 않음은 천리를 아는 때문이요, 백세 이후 그리고 성인을 기다려 질

문하여도 의혹되지 않음은 인도를 알기 때문이다.[140]

(주해) 140) 知天, 知人, 知其理也.(하늘을 알고, 사람을 안다는 것은 그 이치를 안다는 것이다.)

(해설) 귀신, 즉 천지의 도리에 비추어 보더라도 의혹이 없고, 백세 이후의 성인으로부터도 의혹이 없는 규범을 펼 수 있다는 것은 지천(知天), 지인(知人)이기 때문이다. 곧 군자지도(君子之道)는 만세유통의 진리인 것이다.

29-5. 그러므로 군자는

(원문) 是故로 君子는 動而世爲天下道니 行而世爲天下
시고 군자 동이세위천하도 행이세위천하

法하며 言而世爲天下則이라 遠之則有望하고 近之則
법 언이세위천하칙 원지즉유망 근지즉

不厭이니라
불염

(자의) ㅇ則－법칙 칙, 곧 즉. ㅇ之－대명사, 즉 군자. ㅇ厭－싫어할 염.

(국역) 그러므로 군자는 움직이면 세세로 천하의 도가 되며, 행하면 천하의 법이 되며, 말을 하면 천하의 법칙이 되는 것이다. 그와 멀리 있으면 희망을 가지게 되고, 가까이 있

어도 싫어하지 않느니라.[141]

주해 141) 動, 兼言行而言. 道, 兼法則而言. 法, 法度也, 則, 準則也. (동은 언·행을 겸하여 말한 것이요, 도는 법·칙을 겸하여 말한 것이다. 법은 법도이며, 칙은 준칙이다.)

해설 군자의 덕은 동(動)·행(行)·언(言)에서 규범성을 가지며, 멀리 있으면 그를 닮고자 하는 사람들의 희망이 되고, 가까이 있어도 싫증이 나지 않는 향기 같은 존재라는 것이다. 그럼으로써 성인과 같은 시대에 사는 사람이야말로 복된 시대의 사람인 것이다.

29-6. 《시경》에 이르기를 저 멀리 있어도 싫지 않으며

원문 **詩曰 在彼無惡**하며 **在此無射**이라 **庶幾夙夜**하여 **以永終譽**라하니 **君子未有不如此而蚤有譽於天下者也**니라
시왈 재피무오 재차무역 서기숙야 이영종예 군자미유불여차이조유예어천하자야

자의 ○射－싫을 역, 쏠 사, 맞힐 석. ○夙－잘 숙. ○譽－명예 예, 기릴 예, 즐길 예. ○蚤－벼룩 조, 일찍 조.

국역 《시경》에 이르기를, 저 멀리 있어도 싫지 않으며, 이 자리에 있어도 싫지 않느니라. 밤낮으로 도에 가깝도록 공경하고 삼가는 행동을 하여, 그 때문에 영원히 영예를 잘 마칠 수 있다고 하니, 군자는 아직까지 이와 같이 하지 않

고서는 일찍이 천하에서 칭찬을 받은 바가 없었느니라.[142) 143)]

주해 142) 詩, 周頌振鷺之篇.(시는 《시경》 〈주송편〉 '진로장'이다.)
射, 厭也. 所謂此者, 指本諸身以下六事而言.(역은 싫어함이다. 이른바 이것이란 본저신 이하의 여섯 가지 일을 가리켜 말한 것이다.)
143) 右, 第二十九章.(우[위]는 제29장이다.)
承上章居上不驕而言, 亦人道也.(상장의 윗자리에 있으나 교만하지 아니한다는 것에 이어서 말한 것이다. 역시 인도이다.)

해설 《시경》의 구절을 인용하여 군자의 덕을 찬양하고 있다. 군자가 천하에 명예를 남기기 위해서는 이미 본 것처럼, 저본신(諸本身)→징저서민(徵諸庶民)→고저삼왕이불류(考諸三王而不謬)→건저천지이불패(建諸天地而不悖)→질저귀신이무의(質諸鬼神而無疑)→백세이사성인이불혹(百世以俟聖人而不惑)의 사항들을 철저히 지켜야 한다. 여기서 저본신이 핵심이며, 그것이 성(誠)으로 무장된 사람이 곧 성인일 것이다.

제30장 군자의 도는 천도와 같음

30-1. 공자께서는 요순을 종조로 하여 이어받으셨고

원문 仲尼는 祖述堯舜하시고 憲章文武하시며 上律天時
중니 조술요순 헌장문무 상률천시

하시고 下襲水土하시니라
하 습 수 토

자의 ㅇ仲－버금 중. ㅇ尼－중 니. ㅇ仲尼－공자의 자(字). 손자인 자사가 할아버지인 공자의 자를 부른 것이 주목된다. ㅇ述－잇다. ㅇ憲章－전장(典章)제도. 법과 문물제도. ㅇ律－따를 률. ㅇ襲－따를 습.

국역 공자께서는 요순을 종조(宗祖)로 하여 이어받으셨고, 문왕·무왕의 문물제도를 법으로 삼아서, 위로는 천시의 운행질서를 법으로 삼으셨고, 아래로는 물과 흙의 원리를 이어받으셨다.[144)]

주해 144) 祖述者, 遠宗其道. 憲章者, 近守其法, 律天時者, 法其自然之運. 襲水土者, 因其一定之理, 皆兼內外該本末而言也.(조술은 멀리 그 도를 조종으로 함이요, 헌장은 그 법을 가까이 지킴이요, 율천시는 그 자연의 운행을 법으로 함이요, 습수토는 그런 일정한 이치에 의거함이니, 모두 내외를 겸하고 그〔該〕본말을 말한 것이다.)

해설 이 30장 이하는 공자의 위대함을 말하는 내용이다. 공자는 요순·문무의 중용의 도는 물론 천도와 지도에도 능하다는 것이다. 현대 사회생활에 있어서도 일반적인 것을 바탕으로 한 전문화가 성공할 수 있다고 볼 수 있을 것이다. 그렇다면 정체성이 허약한 세계화가 성공을 이룰지는 의문인 것이다.

30-2. 비유컨대 마치 천지가 싣고 지탱하지 아니함이 없고

원문 辟如天地之無不持載하여 無不覆幬하며 辟如四時
비여천지지무부지재 무불부도 비여사시

之錯行하며 如日月之代明이니라
지착행 여일월지대명

자의 ㅇ辟—비유할 비. ㅇ持—가질 지. ㅇ覆—덮을 부, 엎을 복. ㅇ幬—덮어줄 도. ㅇ錯—교대할 착.

국역 비유컨대 마치 천지가 싣고 지탱하지 아니함이 없고, 하늘은 천하 만물을 감싸고 덮지 아니함이 없는 것과 같으며, 비유컨대 마치 사계절이 번갈아 운행하는 것과 같으며, 마치 일월이 교대로 밝은 것과 같으니라.[145]

주해 145) 錯, 猶迭也. 此, 言聖人之德.(착은 교대함과 같다. 이것은 성인의 덕을 말한 것이다.)

해설 성인의 덕은 땅과 하늘이 만물을 싣고 덮어주는 것에 비유하거나, 사시(四時)가 어긋남이 없이 교대하여 변화하는 것과 일월이 밤낮으로 교대하면서 만물을 비쳐주는 것과 비유하더라도 전혀 모자람이 없다는 것이다.

30-3. 만물은 함께 어울려 자라나되 서로 해치지 않으며

원문 萬物竝育而不相害하며 道竝行而不相悖라 小德은
만물병육이불상해 도병행이불상패 소덕

川流요 大德은 敦化하나니 此天地之所以爲大也니라
천류 대덕 돈화 차천지지소이위대야

자의 ○竝－나란히 할 병, 아우를 병(=並, 幷, 倂). ○悖－어긋날 패. ○敦－도타울 돈. 진실하다, 성실하다.

국역 만물은 함께 어울려 자라나되 서로 해치지 않으며, 도는 함께 나란히 어울려 가고 있어도 서로 어긋나지 않느니라. 작은 덕은 냇물이 흐르는 것과 같고, 큰 덕은 조화를 돈독히 하니, 이것은 천지가 위대하다고 하는 까닭이니라.[146) 147)]

주해 146) 悖, 猶背也.(패는 배와 같다.)

天覆地載, 萬物, 並育於其間而不相害, 四時日月, 錯行代明而不相悖.(하늘이 덮고 땅이 실어, 만물이 그 사이에서 자라되 서로 해치지 않으며, 사시와 일월이 교대로 운행하고 교대로 밝아서 서로 어긋나지 않는다.)

所以不害不悖者, 小德之川流. 所以並育並行者, 大德之敦化, 小德者, 全體之分, 大德者, 萬殊之本.(해치지 않고 어긋나지 않는 까닭은, 소덕의 천류요, 함께 자라고 함께 나아가는 까닭은 대덕의 돈화이니, 소덕은 전체의 분화이고, 대덕은 만가지 다른 것의 근본이다.)

川流者, 如川之流, 脈絡分明而往不息也. 敦化者, 敦厚其化, 根本

盛大而出無窮也.(천류는 마치 냇물의 흐름과 같아, 맥락이 분명하여 가는 것이 쉬지 않음이요, 돈화는 그 조화를 돈독히 하여 근본이 성대해져 무궁히 나아가는 것이다.)

此, 言天地之道, 以見上文取譬之意也.(이것은 천지의 도를 말한 것이고, 그리고 상문이 취한 비유의 뜻을 나타낸 것이다.)

147) 右, 第三十章.(우[위]는 제30장이다.)

言天道也.(천도를 말한 것이다.)

해설 천지의 덕이 병육이불상해(竝育而不相害), 병행이불상패(竝行而不相悖)하듯이 성인의 덕 역시 그러하다. 또 소덕이 만사를 시냇물처럼 흐르게 하는 것이라면, 대덕은 이 소덕을 포용함은 물론 만물을 진실로 화육(化育)해 내는 능력을 가지니, 성인의 덕을 이것과 비유할 만하다. 서울 창덕궁의 정남문이 돈화문이니 그 유래와 간절한 의도를 엿볼 수 있다.

제31장 성인의 덕

31-1. 오직 천하의 지극한 성인이어야만

원문 **唯天下至聖**이야 **爲能聰明睿知**하야 **足以有臨也**니
유천하지성 위능총명예지 족이유림야

寬裕溫柔하야 **足以有容也**며 **發強剛毅**하야 **足以有執**
관유온유 족이유용야 발강강의 족이유집

也며 **齊莊中正**하야 **足以有敬也**며 **文理密察**이 **足**
야 재장중정 족이유경야 문리밀찰 족

以有別也니라
이유별야

자의 ㅇ唯-오직 유(=惟). ㅇ聰-밝을 총. ㅇ睿-깊고 밝은 예. ㅇ臨-다스릴 림. ㅇ剛毅-의지가 굳세다. ㅇ齊-재계할 재. 정신통일. ㅇ莊-장엄할 장.

국역 오직 천하의 지극한 성인이어야만 능히 총명하고 밝은 지혜를 가질 수 있어서 충분히 만물을 다스릴 수 있으며, 도량이 넓고 너그럽고 온화하고 유순하여, 충분히 만사 만물을 포용할 수 있으며, 추진력이 강하고 지혜도 밝고 굳센 의지를 발휘할 수 있어야, 충분히 잡을 수 있으며, 정신을 통일하고 장엄하게 집중하여야, 충분히 공경할 수 있으며, 문물의 이치를 세밀히 관찰하여 충분히 분별할 수 있느니라.[148)]

주해 148) 聰明睿知, 生知之質.(총명예지는 생이지지의 자질이다.)
臨, 謂居上而臨下也.(임은 위에 있으면서 아래에 임하는 것을 이른다.)
其下四者, 乃仁義禮智之德.(그 아래의 넷은 이에 인의예지의 덕이다.)
文, 文章也.(문은 문장이다.)
理, 條理也.(이는 조리이다.)
密, 詳細也. 察, 明辨也.(밀은 상세함이며, 찰은 분명히 변별함이다.)

해설 이 31장은 지성(至聖)의 덕을 말하고 있다. 총명예지는 지성의 자질이며 만물을 다스리는 능력의 원천이다. 그것은 예컨대 관유온유(寬裕溫柔)－포용, 발강강의(發强剛毅)－고집, 재장중정(齊莊中正)－공경, 문리밀찰(文理密察)－분별로써 발휘된다. 공자와 같은 성인은 이 네 가지 덕을 언제나 현장에 알맞게 적용함으로써 그 과정과 결과가 천지의 덕과 같다는 것이다.

31-2. 도량이 넓고 깊은 원천이 있어서

원문 溥博淵泉하여 而時出之니라
부박연천 이시출지

자의 ㅇ溥－넓을 부(본래의 음은 보). ㅇ博－넓을 박. ㅇ溥博－광대하다. ㅇ淵－못 연. 깊다. ㅇ泉－샘 천. ㅇ時－수시처중의 시(時).

국역 도량이 넓고 깊은 원천이 있어서 때에 맞추어 외부로 나오게 되는 것과 같으니라.[149)]

주해 149) 溥博, 周徧而廣濶也.(부박은 두루 넓고 광활한 것이다.) 淵泉, 靜深而有本也.(연천은 고요하고 깊고 근본이 되는 것이다.) 出, 發見也. 言五者之德, 充積於中而以時發見於外也.(출은 발현함이다. 다섯 가지의 덕이 안에 충적되고 적시에 외부에 발현함을 말한 것이다.)

해설 만물을 돈화하는 대덕의 자연적 연원을 비유해 말하고 있다. 성인의 덕은 광대하고 깊으며 또 때가 되면 샘처럼 넘쳐 밖으로 흘러나와 천하의 만민을 화육한다는 것이다.

31-3. 광대하기는 하늘과 같고

원문 溥博은 如天하고 淵泉은 如淵하니 見而民莫不敬하며 言而民莫不信하며 行而民莫不說이니라
부박 여천 연천 여연 현이민막불경 언이민막불신 행이민막불열

자의 ㅇ溥博-광대하다. ㅇ淵泉-깊은 샘. ㅇ見-나타날 현, 볼 견. ㅇ莫-말 막(강한 부정). ㅇ說-기쁠 열, 말씀 설.

국역 광대하기는 하늘과 같고, 깊은 샘은 마치 연못과 같으니, 성인이 나타나 세상에 보이게 되면 사람들이 공경하지 않는 이가 없으며, 이런 성인이 말한다면 사람들이 믿지 않는 이가 없으며, 정사를 행한다면 사람들이 기뻐하지 않는 이가 없느니라.[150)]

주해 150) 言其充積極其盛而, 發見當其可也.(그 충적이 지극히 아마 성대하면, 발현은 마땅히 그렇게 될 수 있음을 말한 것이다.)

해설 여기서는 앞절에 나온 대덕돈화(大德敦化)의 실제를 말하고 있다. 성인의 덕은 대덕이니, 하늘처럼 높고 연못같이 깊어서 그의 언행 하나하나가 천하의 사람들에게 미쳐 감화

되지 않는 이가 없다는 것이다. 태양이 스스로의 능력으로 만물을 비추듯이, 성인 역시 자기에게서 출발하여 만민에게 미치게 하니 천지의 덕과 성인의 덕이 마찬가지라는 것이다.

31-4. 그러므로 그의 명성이 중국에 크게 넘쳐흘러서

원문 是以로 聲名이 洋溢乎中國하여 施及蠻貊하여 舟車所至와 人力所通과 天之所覆와 地之所載와 日月所照와 霜露所隊에 凡有血氣者莫不尊親하나니 故로 曰 配天이니라
(시이 성명 양일호중국 이급만맥 주거소지 인력소통 천지소부 지지소재 일월소조 상로소추 범유혈기자막부존친 고 왈 배천)

자의 ㅇ洋－큰바다 양. ㅇ溢－넘칠 일. ㅇ洋溢－충만하다, 가득 넘쳐흐르다. ㅇ施－뻗을 이, 미칠 이, 베풀 시. ㅇ隊－떨어질 추(＝墜). ㅇ血氣－인류, 사람인 자. ㅇ配天－하늘에 짝하다, 하늘과 합일하다.

국역 그러므로 그의 명성이 중국에 크게 넘쳐흘러서 이민족[南蠻·東貊]에게 전해져서 배나 수레가 가는 곳과, 사람의 힘으로 통할 수 있는 곳과, 하늘이 덮고 있는 곳과, 땅이 실려 있는 곳과, 일월이 비치는 곳과, 서리와 이슬이 내리는 곳에 무릇 사람인 자가 존경하고 가까이하지

않음이 없으니, 그러므로 하늘과 일치한다고 하는 것이니라.[151) 152)]

주해 151) 舟車所至以下, 蓋極言之. 配天, 言其德之所及, 廣大如天也.(배와 수레가 이르는 곳 이하는, 대개 그것을 극단적으로 말한 것이다. 하늘에 짝한다는 것은 그 덕의 미치는 바가 광대하여 하늘과 같음을 말한 것이다.)

152) 右, 第三十一章.(우[위]는 제31장이다.)
承上章而言小德之川流, 亦天道也.(상장에 이어 소덕의 천류를 말한 것이니, 역시 천도이다.)

해설 여기서는 소덕(小德)을 말하고 있다. 성인의 덕은 넓고 커서 중국 천하에 넘쳐흘러, 변방에까지 미쳐 그의 덕에 감화되지 않는 이가 없으니, 인간에게 미치는 공업(功業)이 참으로 위대함으로, 만물을 길러내는 천지의 덕과 짝[配]할 만하다는 것이다.

제32장 성인의 도리

32-1. 오직 천하에 성을 이룬 자만이

원문 唯天下至誠이어야 爲能經綸天下之大經하며 立天下之大本하며 知天地之化育이니 夫焉有所倚리오
유천하지성 위능경륜천하지대경 입천하지대본 지천지지화육 부언유소의

자의 ㅇ經綸－천하를 다스림, 정치. ㅇ大經－오륜. ㅇ倚－기댈 의.

국역 오직 천하에 성(誠)을 이룬 자만이 능히 천하의 대경[五倫]으로 경륜할 수 있으며, 천하의 근본이 되는 원칙을 세울 수 있으며, 천지만물을 화육하고 주관할 수 있는 법이니, 대체로 어찌하여 한 곳에 편벽되게 의지하는 일이 있겠는가?[153)]

주해 153) 經綸, 皆治絲之事, 經者, 理其緖而分之, 綸者, 比其類而合之也.(경륜은 모두 실을 다스리는 일이니, 경은 그 실마리를 다스려 나누는 것이요, 윤은 그 종류를 비교하여 그것을 합하는 것이다.)
經, 常也. 大經者, 五品之人倫, 大本者, 所性之全體也.(경은 떳떳함이다. 대경은 다섯 가지 인륜이며, 대본은 소위 본성의 전체이다.)
惟聖人之德, 極誠無妄. 故, 於人倫, 各盡其當然之實, 而皆可以爲天下後世法, 所謂經綸之也.(오직 성인의 덕은 지극히 성실하고 망령됨이 없다. 그러므로 인륜에서 각기 그 당연한 실제를 다하여, 모두 천하와 후세의 법으로 삼을 수 있으니, 이른바 경륜이다.)
其於所性之全體, 無一毫人欲之僞以雜之, 而天下之道千變萬化, 皆由此出, 所謂立之也.(그것은 소위 본성의 전체이기 때문에 일호의 인욕의 거짓도 거기에 섞임이 없어, 천하의 도의 천변만화가 모두 여기를 경유하여 나오니, 이른바 세운다는 것이다.)
其於天地之化育, 則亦其極誠無妄者有默契焉, 非但聞見之知而已.(그것은 천지를 화육하기 때문에, 역시 그 지극히 성실하고 망령됨이 없어 또 묵묵히 서로 승낙하니, 다만 듣고 보아 알 따름이니라.)
此皆至誠無妄自然之功用, 夫豈有所倚著於物而後能哉.(이것은 모두 지성 무망의 자연적 효용이니, 대저 어찌 소위 다른 물건에 기대어 붙은 뒤에야 가능하겠는가?)

해설 이 32장은, 지성(至聖)의 도리는 어떤 것이며, 어떻게 하면 그것을 알 수 있는가를 말하고 있다. 그리고 이 절에서는 지성의 도를 말하고 있다. 지성(至聖)은 지성(至誠)과 표리관계로써, 그만이 천하의 경영을 기획할 수 있다는 것이다. 그만이 천하를 오륜으로 경륜하고, 천하를 오직 중(中)으로 세워, 천지의 도리를 알고 만물을 화육할 수 있는데, 거기에 추호(秋毫)의 사심(私心)인들 있겠으며, 남에게 의지함이 있겠는가?

32-2. 정성스러우니 그는 체인이 되었으며

원문 肫肫其仁이며 淵淵其淵이며 浩浩其天이니라
순 순 기 인 연 연 기 연 호 호 기 천

자의 ㅇ肫－정성스러운 순, 광대뼈 준. ㅇ肫肫－정성스러운 모양. ㅇ淵－못 연. 깊다. ㅇ浩－넓을 호. ㅇ浩浩－넓고 큰 모양.

국역 정성스러우니 그는 체인(體仁)이 되었으며, 깊고 깊으니 그는 못과 같으며, 넓고 넓으니 그는 하늘과 같으니라.[154)]

주해 154) 肫肫, 懇至貌, 以經綸而言也.(순순은 간절하고 지극한 모양이니, 경륜으로써 말한 것이다.)
淵淵, 靜深貌, 以立本而言也.(연연은 고요하고 깊은 모양이니, 근본을 세우는 것으로써 말한 것이다.)
浩浩, 廣大貌, 以知化而言也. 其淵其天, 則非特如之而已.(호호는

광대한 모양이니, 화육을 아는 것으로써 말한 것이다. 기연기천은, 곧 특히 그와 같은 뿐만은 아니다.)

해설 지성은 인을 체화(體化)한 사람이며, 체인(體仁)이 된 지성(至聖)의 모습을 일상적 언어로 표현하고 있다. 기인(其仁), 기연(其淵), 기천(其天)에서 기인(其仁)을 먼저 말한 것이 주목된다.

32-3. 진실로 확고하게 총명, 성지로 천덕을 통달하여 아는 자가 아니면

원문 苟不固聰明聖知達天德者면 其孰能知之리요
구 불 고 총 명 성 지 달 천 덕 자 기 숙 능 지 지

자의 ㅇ苟-진실로 구. ㅇ固-굳을 고, 진실로 고. ㅇ聖知-무불명(無不明) 무불통(無不通)한 지혜. ㅇ孰-누구 숙.

국역 진실로 확고하게 총명, 성지로 천덕을 통달하여 아는 자가 아니면, 그 누가 능히 그러한 이치를 알리요?[155) 156)]

주해 155) 固, 猶實也.(고는 진실과 같다.)
鄭氏曰 : 唯聖人, 能知聖人也.(정씨가 말했다. 오직 성인이라야 능히 성인을 알 수 있다.)

156) 右, 第三十二章.(우[위]는 제32장이다.)
承上章而言大德之敦化, 亦天道也.(상장에 이어 대덕의 돈화를 말한 것이니, 역시 천도이다.)
前章, 言至聖之德, 此章, 言至誠之道.(전장에서는 지성의 덕을 말

하였고, 이 장에서는 지성의 도를 말하였다.)

然至誠之道, 非至聖, 不能知, 至聖之德, 非至誠, 不能爲, 則亦非二物矣.(그러나 지성의 도는, 지성이 아니면 능히 알 수 없고, 지성의 덕은 지성이 아니면 능히 할 수 없으니, 역시 두 가지 일이 아니다.)

此篇, 言聖人天道之極致, 至此而無以加矣.(이 편은, 성인과 천도의 극치를 말한 것이니, 이에 이르러서는 더 보탤 것이 없다.)

해설 성인만이 성인을 알아볼 수 있다는 것이다. 총명하고 성지를 가져 천덕에 통달한 자라야 그런 이치를 깨달을 수 있는 것이니, 그런 이치를 깨치지 못한 자가 어찌 그런 경지의 일을 알고 말할 수 있겠는가?

제33장 복신수장(復申首章)

33-1. 《시경》에 이르기를 문채나는 비단옷을 입고

원문 詩曰 衣錦尚絅이라하니 惡其文之著也라 故로 君子之道는 闇然而日章하고 小人之道는 的然而日亡하나니 君子之道는 淡而不厭하며 簡而文하며 溫而理니 知遠之近하며 知風之自하며 知微之顯이면 可與入德矣리라

시왈 의금상경 오기문지저야 고 군자지도 암연이일장 소인지도 적연이일망 군자지도 담이불염 간이문 온이리 지원지근 지풍지자 지미지현 가여입덕의

자의 ㅇ尙－더할 상. ㅇ絅－홑옷 경. ㅇ惡－미워할 오. ㅇ闇－어두울 암. ㅇ章－문채 장, 글 장, 나타낼 장. ㅇ淡－싱거울 담, 담박할 담. ㅇ厭－싫어할 염. ㅇ簡－대쪽 간, 단출할 간. ㅇ微－가늘 미. ㅇ顯－나타날 현. ㅇ矣－어조사 의.

국역 《시경》에 이르기를, 문채나는 비단옷을 입고, 그 위에 덧옷을 입는다고 하였으니, 그 문채가 드러나는 것을 싫어했기 때문이니라. 그러므로 군자의 도는 어두운 듯하면서도 날마다 문채나고, 소인의 도는 외부로는 화려하게 빛난 듯하면서도 날마다 그 빛이 없어지니, 군자의 도는 담담한 듯하면서도 싫지 아니하며, 간요(簡要)하면서도 문채가 있으며, 온화하면서도 조리에는 엄격하니, 원대한 것은 가깝고 작은 데서부터 출발한다는 것을 알며, 바람은 열(熱)에서 온다는 것을 알며, 미세한 것도 나타난다는 것을 안다면, 성(誠)의 덕이 들어갈 수 있느니라.157)

주해 157) 前章, 言聖人之德, 極其盛矣.(전장은 성인의 덕이 최고로 무성함을 말하였다.)
此, 復自下學立心之始言之, 而下文, 又推之以至其極也.(이것은 다시 하학의 마음 세우기부터 처음 그것을 말하고, 하문은 또 그것을 그 지극함에 이르기까지 미루었다.)
詩, 國風衛碩人, 鄭之丰, 皆作衣錦褧衣, 褧, 絅同, 襌衣也.(시는 《시경》〈국풍〉 위나라 석인장과 정나라 봉장인데, 다 '의금경의'로 되어 있는바, 경[褧]은 경[絅]과 같으니, 홑옷[襌]이다.)
尙, 加也.(상은 보태는 것이다.)
古之學者, 爲己. 故, 其立心如此.(옛 학자는 자기를 위하였다. 그

러므로 그의 마음 세우기를 이와 같이 하였다.)
尙絅故, 闇然, 衣錦故, 有日章之實.(홑옷을 덧입었기 때문에 어두운 듯하며, 비단옷을 입었기 때문에 날로 드러나는 실제를 소유하였다.)
淡簡溫, 絅之襲於外也, 不厭而文且理焉, 錦之美在中也.(담박하고 간략하며 온화함은 밖에 홑옷 일습을 입은 것이요, 싫지 않고 문채나며 또 조리가 있음은 비단의 아름다움이 속에 있기 때문이다.)
小人, 反是, 則暴於外而無實以繼之.(소인은 이와 반대로 외부에 드러나[暴] 그것을 계속하기 위한 실제가 없다.)
是以, 的然而日亡也.(그러므로 선명하되 날로 없어진다.)
遠之近, 見於彼者由於此也.(원지근은 저쪽에 나타남은 이쪽을 경유하기 때문이요,)
風之自, 著乎外者本乎內也.(풍지자는 외부에 드러남은 내부에 근본이 있는 것이요,)
微之顯, 有諸內者形諸外也.(미지현은 그 안에 있는 것이 그 외부에 형상화되는 것이요,)
有爲己之心, 而又知此三者, 則知所謹而可入德矣.(자기를 위하는 마음을 소유하고, 또 이 셋을 알면, 삼갈 바를 알며 덕에 입문할 수 있다.)
故, 下文, 引詩, 言謹獨之事.(그러므로 하문은 《시경》을 인용하여, 혼자 있을 때의 삼갈 것을 말한 것이다.)

해설 이 33장에서는 수장(首章)에서부터 논의한 중용의 도를 정리한 것인데, 그것을 어떻게 적당히 감추며 관리하는지를 말하고 있다. 군자와 소인은 공부의 목적, 지향하는 도의 방향에서 뚜렷이 구별된다. 이 절에서 우리는 성인의 길을 지향하는 자의 자세와 덕으로 들어가는 과정을 엿볼 수 있다.

33-2. 《시경》에 이르기를 깊이 잠기어 비록 숨어 있으나

원문 詩云 潛雖伏矣나 亦孔之昭라하니 故로 君子는 內
시운 잠수복의 역공지소 고 군자 내

省不疚하여 無惡於志하나니 君子之所不可及者는 其
성불구 무오어지 군자지소불가급자 기

唯人之所不見乎인저
유인지소불견호

자의 ㅇ潛-잠길 잠. ㅇ伏-엎드릴 복, 숨을 복. ㅇ孔-구멍 공. 매우, 대단히. ㅇ昭-밝을 소. ㅇ省-살필 성. ㅇ疚-병 구. ㅇ惡-악할 악, 미워할 오, 부끄러워할 오. ㅇ志-뜻 지. 목표. ㅇ唯-오직 유.

국역 《시경》에 이르기를, 깊이 잠기어 비록 숨어 있으나, 역시 구멍이 대단히 밝게 한다 하니, 그러므로 군자는 안으로 반성하여도 마음의 병이 없으며, 마음먹을 때에 미워함이 없어야 하니, 군자에게 미칠 수 없는 바는 그것은 아마 오직 사람들이 보지 못하는 것이 있을 것이야![158]

주해 158) 詩, 小雅正月之篇.(시는 《시경》 〈소아편〉 '정월장'이다.)
承上文, 言莫見乎隱, 莫顯乎微也.(상문을 이어, 숨은 것보다 드러나는 것이 없고, 은미한 것보다 나타남이 없다.)
疚, 病也.(구는 병이다.)
無惡於志, 猶言無愧於心. 此, 君子謹獨之事也.(마음에 미워함이

없다는 것은 마음에 괴이함이 없음을 말한 것과 같다. 이것은 군자가 혼자 있을 때 삼가는 일이다.)

(해설) 이 절에서는 《시경》 〈소아편〉 '정월장'을 소개하여 군자가 덕을 함양하는 방식을 말하고 있다. 군자는 내면으로 몸을 닦아 덕을 안에 지니건만 그 덕이 저절로 밖으로 나타나게 되므로, 남이 보지 못하고 알지 못하는 데서 몸과 마음을 삼가는 것이다. 《논어》 〈학이편〉 1-1에서도 같은 내용을 말하고 있다.

33-3. 《시경》에 이르기를 네가 방에 혼자 있을 때를 보건대

(원문) 詩云 相在爾室한대 尚不愧于屋漏라하니 故로 君子
시운 상재이실 상불괴우옥루 고 군자

는 不動而敬하며 不言而信이니라
부동이경 불언이신

(자의) ㅇ相－볼 상. ㅇ爾－너 이. ㅇ室－방 실. ㅇ尚－오히려 상, 바랄 상. ㅇ愧－부끄러울 괴. ㅇ屋－집 옥. ㅇ漏－샐 루, 서북 모퉁이 루.

(국역) 《시경》에 이르기를, 네가 방에 혼자 있을 때를 보건대, 혼자 있어도 오히려 옥루신(屋漏神)에 부끄럽지 않다고 했구나! 그러므로 군자는 아무 행동을 하지 않아도 존

경하며 아무 말을 하지 않아도 믿어 주느니라.[159)]

주해 159) 詩, 大雅抑之篇.(시는 《시경》 〈대아편〉 '억장'이다.)
相, 視也.(상은 보는 것이다.)
屋漏, 室西北隅也.(옥루는 방의 서북쪽 구석이다.)
承上文, 又言君子之戒謹恐懼, 無時不然. 不待言動而後敬信, 則其爲己之功, 益加密矣.(상문에 이어, 또 군자의 경계하고, 삼가고, 공구함이 수시로 그렇지 아니함이 없음을 말하였다. 말과 행동을 기다리지 않고 뒤에 공경하고 믿게 하니, 곧 자기를 위한 일이 더더욱 치밀하다.)
故, 下文, 引詩, 幷言其效.(그러므로 하문은 《시경》을 인용하여 아울러 그 효용을 말하였다.)

해설 여기서도 《시경》 〈대아편〉 '억장'을 인용하여 신독(愼獨)을 강조하고 있다. 군자는 혼자 방안에 있을 때라도 방구석 귀신에게 부끄럽지 않도록 마음과 언행을 삼가며 덕을 쌓으라는 것이다. 움직이지 않아도 공경심을 지니고, 말하지 않아도 신실(信實)을 지킨다는 말이다. 경영에 있어서 행동하지 않아도 시장이 신뢰하고, 말하지 않아도 소비자의 공경을 받는 브랜드의 구축을 최고경영자는 생각해야 할 것이다.

33-4. 《시경》에 이르기를 나아가 신명을 이르게 할 적에

원문 詩曰 奏假無言에 時靡有爭이라하니 是故로 君子는
시 왈 주 격 무 언 시 미 유 쟁 시 고 군 자

不賞而民勸하며 **不怒而民威於鈇鉞**이니라
불상이민권 불노이민위어부월

(자의) ㅇ奏－나아갈 주. ㅇ假－이를 격(=格). ㅇ靡－없을 미. ㅇ威－두려워할 위. ㅇ鈇－작두 부. ㅇ鉞－도끼 월.

(국역) 《시경》에 이르기를 나아가 신명을 이르게 할 적에 아무 말이 없어도, 그때에는 다투는 사람이 없다고 하였으니, 그러므로 군자는 상을 주지 않아도 백성들은 선한 일에 힘쓰며, 성내지 않아도 백성들은 부월보다 더 두려워하느니라.[160)]

(주해) 160) 詩, 商頌烈祖之篇.(시는 《시경》 〈상송편〉 '열조장'이다.)
奏, 進也.(주는 나아감이다.)
承上文而遂及其效, 言進而感格於神明之際, 極其誠敬, 無有言說而人自化之也.(상문에 이어, 곧 그 효용을 언급하여, 나아가 신명으로부터 감격할 즈음에 정성과 공경을 최고로 하여, 말씀이 없어도 사람들이 자연히 감화됨을 말하였다.)
威, 畏也. 鈇, 莝斫刀也, 鉞, 斧也.(위는 두려워함이다. 부는 여물을 써는 작두이다. 월은 도끼이다.)

(해설) 성인이 덕치를 하면 그 공덕이 이렇게 나타난다는 것이다. 위대한 덕에는 백성이 자연히 감화되어 무언에도 다투지 않고, 포상이 없어도 근로하며, 성내지 않아도 두려워하여 그를 따르게 된다는 것이다.

33-5. 《시경》에 이르기를 나타나서 보이지 않으나 오직 그 덕을

원문 詩曰 不顯惟德을 百辟其刑之라하니 是故로 君子는
시왈 불현유덕 백벽기형지 시고 군자

篤恭而天下平이니라
독공이천하평

자의 ㅇ顯－나타날 현. ㅇ惟－오직 유. 그러나, 그런데. ㅇ辟－임금 벽. ㅇ刑－본받을 형. ㅇ篤－돈독할 독. ㅇ恭－공경 공.

국역 《시경》에 이르기를, 나타나서 보이지 않으나 오직 그 덕을, 모든 제후들이 그것(문왕의 덕)을 본받느니라. 그러므로 군자는 중용지덕을 돈독히 하고 행동을 공손히 하면 온 천하는 평치가 되느니라.[161)]

주해 161) 詩, 周頌烈文之篇.(시는 《시경》〈주송편〉 '열문장'이다.)
不顯, 說見二十六章, 此, 借引以爲幽深玄遠之意.(불현은 설명이 제26장에 보인다. 여기서는 이것을 빌려 인용해서, 그윽하고 깊고 까마득하게 먼 뜻으로 여긴다.)
承上文, 言天子有不顯之德, 而諸侯法之, 則其德愈深而效悠遠矣.(상문에 이어, 천자가 불현의 덕을 소유하여 제후가 그것을 법으로 하면, 그 덕이 더 깊고, 효용이 더 멀다는 것을 말한 것이다.)
篤, 厚也. 篤恭, 言不顯其敬也.(독은 두터움이다. 독공은 나타나지 않으나 그것을 공경함을 말한 것이다.)

篤恭而天下平, 乃聖人至德淵微自然之應, 中庸之極功也.(독공과 천하의 평화는 이에 성인의 지극한 덕이 깊고, 은미하여 자연히 호응하는 것이니, 중용의 최고의 효용이다.)

해설 임금이 가령 문왕과 같은 덕을 쌓으면 천하가 잘 다스려진다는 것이다. 위대한 덕은 형적을 포착할 수 없어도 제후를 감화시키고, 천하 백성을 감화시켜 형벌이나 정령을 쓰지 않고도 풍속과 질서가 바로잡혀서 이상향이 된다. 맹자도 덕의 유행(流行)이 우정(郵政)을 두어서 명령을 전하는 것보다 빠르다고 하였다(《맹자》 〈공손추 상〉).

33-6. 《시경》에 이르기를 내가 생각하는 명명덕은

원문 詩云 予懷明德은 不大聲以色이라하여늘 子曰 聲色
시운 여회명덕 부대성이색 자왈 성색

之於以化民에 末也라하시니라 詩云 德輶如毛라하나 毛
지어이화민 말야 시운 덕유여모 모

猶有倫하니 上天之載는 無聲無臭아 至矣니라
유유륜 상천지재 무성무취 지의

자의 ㅇ予－나 여. ㅇ懷－품을 회. 생각하다, 그리워하다. ㅇ聲－소리 성. ㅇ色－빛 색. 표정. ㅇ輶－가벼울 유. ㅇ猶－오히려 유. ㅇ倫－인륜 륜, 차례 륜. ㅇ載－일 재. 사야(事也). ㅇ臭－냄새날 취. ㅇ至矣－지극한 표현이니라.

국역 《시경》에 이르기를 내가 생각하는 명명덕은, 큰 소리〔命令〕와 표정〔威儀〕으로써 하는 것이 아니라 하였거늘, 공자께서 말씀하셨다. 소리와 표정, 그것은 백성을 교화시키기 위하여 말단인 것이니라. 《시경》에 이르기를 덕이라는 것은 마치 털보다 가볍다 하나, 털은 오히려 차례가 있거니와 상천(上天)이 하는 일은, 소리도 없고 냄새도 없다고 해야 지극한 표현이니라.[162) 163)]

주해 162) 詩, 大雅皇矣之篇, 引之, 以明上文所謂不顯之德者, 正以其不大聲與色也.(시는 《시경》 〈대아편〉 '황의장'이다. 이것을 인용한 것은 상문의 이른바 불현의 덕은, 바로 그 소리와 얼굴빛을 대단찮게 여기는 것을 밝히기 위함이다.)

又引孔子之言, 以爲聲色, 乃化民之末務, 今但言不大之而已, 則猶有聲色者存, 是未足以形容不顯之妙.(또 인용한 공자의 말씀은, 소리와 얼굴빛을 이에 백성의 교화수단으로 여기는 것은 말단인 것인데, 그런데 지금은 다만, 대단찮게 여긴다고 말했을 뿐이니, 오히려 소리와 얼굴빛은 잔존하고 있어, 이것은 아직 충분히 불현의 묘를 형용하지 못한 것이다.)

不若烝民之詩所言德輶如毛, 則庶乎可以形容矣, 而又自以爲謂之毛, 則猶有可比者, 是亦未盡其妙.(만약 '증민시'에서, 덕은 가볍기가 털과 같다고 말한 것만 못하니, 거의 형용하였다고 할 수 있되, 또 스스로 털을 말하였다고 여긴다면, 오히려 비교 가능한 것이 있으니, 이것 역시 그 묘함에는 미진하다.)

不若文王之詩所言上天之載無聲無臭, 然後, 乃爲不顯之至耳.(만약 '문왕시'에서, 상천의 일은 소리도 없고 냄새도 없다고 말한 것만 못하니, 그렇게 표현한 후에야 이에 불현의 지극함이 형용될 뿐이다.)

蓋聲臭, 有氣無形, 在物, 最爲微妙, 而猶曰無之.(대개 소리와 냄

새는 기운은 있으나 형체는 없어, 물건에 있는 가장 미묘한 것인데도 오히려 없다고 말하였다.)

故, 惟此可以形容不顯篤恭之妙, 非此德之外, 又別有是三等然後爲至也.(그러므로 오직 이것은 불현, 독공의 묘를 형용하였다고 할 수 있으니, 이 덕 이외에, 또 별도로 그런 3등을 소유한 연후에, 지극히 된다는 것도 아니다.)

163) 右, 第三十三章.(우[위]는 제33장이다.)

子思引前章極致之言, 反求其本, 復自下學爲己謹獨之事, 推而言之. 以馴致乎篤恭而天下平之盛, 又贊其妙, 至於無聲無臭而後已焉, 蓋擧一篇之要而約言之.(자사께서 앞장의 최고에 이르는 말을 인용하여, 도리어 그 근본을 구하여, 다시 하학의 자기를 위하여 혼자 있을 때에 삼가는 일로부터 미루어 그것을 말하였다. 독공으로부터 점차 천하 평치의 무성함에 이름으로써, 또 그 묘함을 칭찬하여, 무성무취에 이른 후에 그쳤으니, 대개 1편의 중요한 것을 들어, 그것을 요약하여 말하였다.)

其反復丁寧示人之意, 至深切矣, 學者其可不盡心乎.(아마 반복하여 신신당부하여 사람들에게 보여준 뜻이 지극히 깊고 간절하니, 학자는 그 마음을 다하지 않을 수 있겠는가?)

해설 문왕의 덕은 성색(聲色)을 크게 하지 않았다고 하였으나, 여기에는 아직 흔적이 보이고, 또 《시경》의 터럭처럼 가볍다고 한 것에서도, 역시 흔적이 남아 있으니, 지극한 덕을 표현하기에는 부족하다. 그래서 《시경》을 다시 인용하여 하늘의 일로써 지덕을 말한 것이다. 진실로 명명덕은 소리나 형색이 전혀 없되, 그 작용은 위대한 것이니, 군자는 오직 신독(愼獨)의 공부를 통해서 자신의 덕을 명명덕의 수준까지 끌어올리는 데 게을러서는 아니될 것이다.

이상으로 《중용》 33장 130절을 공부하였다. 제1장의 천명사상에서 시작하여 제20장부터 인도를 말하였고, 다시 제30장 이후부터 천도로 복귀하였는데, 사람이 정성껏 덕을 쌓아 중용의 도를 지극한 경지까지 확대해 간다면 하늘의 도에 이르게 된다는 천인(天人)의 혼연일체론으로써 끝을 맺었다. 천지의 덕과 같은 지덕(至德)을 가진 자야말로 《중용》이 그리는 이상적인 인간상이라 할 것이다.

색 인(索引)

㉠

가락군자(嘉樂君子) 110
가이여천지참의(可以與天地參矣) 159
가이찬천지지화육(可以贊天地之化育) 159
간가(間架) 38
간이문(簡而文) 212
강자거지(强者居之) 71
거동궤(車同軌) 189
거상불교(居上不驕) 186
건저천지이불패(建諸天地而不悖) 195
경(敬) 204
경(經) 35
경대신(敬大臣) 139
경륜(經綸) 208
경자복지(傾者覆之) 109
계신호기소부도(戒愼乎其所不睹) 46
고(高) 175
고명(高明) 170 171
고명배천(高明配天) 172
고요이부주소(皐陶伊傅周召) 24
고저삼왕이불류(考諸三王而不謬) 195
곤이지지(困而知之) 135
곤제(昆弟) 133
공구호기소불문(恐懼乎其所不聞) 46
과(過) 58
과불급(過不及) 23
관성임사(官盛任使) 143
관유온유(寬裕溫柔) 203
관유이교(寬柔以敎) 70
관통(貫通) 38
광대(廣大) 176
광후(廣厚) 176
교(敎) 158
교사지례(郊社之禮) 123

구(久) 175
구경(九經) 139 147
구부지덕(苟不至德) 183
군신(君臣) 133
군자(君子) 31 46 47 72 86 132 166 183 197 198 215～217 219
군자거이이사명(君子居易以俟命) 95
군자거지(君子居之) 70
군자무입이부자득언(君子無入而不自得焉) 93
군자소기위이행(君子素其位而行) 92
군자시중(君子時中) 27
군자어대(君子語大) 80
군자의호중용(君子依乎中庸) 77
군자이시중(君子而時中) 54
군자준도이행(君子遵道而行) 76
군자중용(君子中庸) 40 53
군자지도(君子之道) 40 83 98 195 212
군자지도비이은(君子之道費而隱) 79
군자지도사(君子之道四) 89
군자지소불가급(君子之所不可及) 215
군자지중용(君子之中庸) 54
군자호부조조이(君子胡不慥慥爾) 89
권권복응(拳拳服膺) 66
권대신(勸大臣) 144
권백공(勸百工) 144
권백성(勸百姓) 144
권사(勸士) 144
권친친(勸親親) 143
권현(勸賢) 143
귀신지위덕(鬼神之爲德) 101
극고명이도중용(極高明而道中庸) 184
근독수성(謹獨修省) 41
근지즉불염(近之則不厭) 197
기(杞) 191
기명차철(旣明且哲) 186
기지의호(其至矣乎) 56
기칙불원(其則不遠) 85

ㄴ

낙이처노(樂爾妻帑) 99
남방지강여(南方之强與) 69
내백공(來百工) 139
내성불구(內省不疚) 215
내외지도(內外之道) 167
노불(老佛) 28 30
논어(論語) 37
능진기성(能盡其性) 159
능진물지성(能盡物之性) 159
능진인지성(能盡人之性) 159

ㄷ

달천덕(達天德) 211
달효(達孝) 117
담이불염(淡而不厭) 212
대강(大綱) 38
대기인이후행(待其人而後行) 182
대덕(大德) 108
대덕돈화(大德敦化) 202
대덕소덕(大德小德) 41
대덕자필수명(大德者必受命) 111
대사(大事) 24
대성(大聖) 24
대의(大義) 30
대재성인지도(大哉聖人之道) 41
대지(大知) 61
대학(大學) 36 42
덕(德) 190
덕위성인(德爲聖人) 107
덕유여모(德輶如毛) 220
도(道) 28 46 60 84 150 165 202
도립(道立) 141
도불원인(道不遠人) 84
도심(道心) 21～23 27
도심유미(道心惟微) 20
도전정즉불궁(道前定則不窮) 147
도지불명(道之不明) 58
도지불행(道之不行) 58
도통(道統) 19 24
도통지전(道統之傳) 33
도학(道學) 19
독공(篤恭) 42
독공이천하평(篤恭而天下平) 219
독중용(讀中庸) 39
독중용구의리(讀中庸求義理) 41
독행지(篤行之) 152
돈후이숭례(敦厚以崇禮) 184
동즉변(動則變) 161
둔세불현지이불회(遯世不見知而不悔) 77
등고필자비(登高必自卑) 98

ㅁ

막현호미(莫顯乎微) 47
막현호은(莫見乎隱) 47
만맥(蠻貊) 207
말야(末也) 220
맹씨(孟氏) 28
맹자(孟子) 37
면강이행지(勉强而行之) 135
명(明) 175
명변지(明辨之) 152
명즉동(明則動) 161
명즉성의(明則誠矣) 158
무궁(無窮) 176
무불부도(無不覆幬) 201

무성무취(無聲無臭) 220
무오어지(無惡於志) 215
무왕(武王) 112～114
무왕주공(武王周公) 117
무위이성(無爲而成) 173
무징(無徵) 193
문리밀찰(文理密察) 204
문무(文武) 199
문무지덕(文武之德) 114
문무지정(文武之政) 126
문왕(文王) 112 113
문왕지덕지순(文王之德之純) 178
문중용대학지별(問中庸大學之別) 41
물지종시(物之終始) 166
미묘이난견(微妙而難見) 21
미언(微言) 30
미자유미(微者愈微) 22
민선능구의(民鮮能久矣) 56

ㅂ

박(博) 175
박학지(博學之) 152
박후(博厚) 170 171
박후배지(博厚配地) 172
반구저기신(反求諸其身) 96
반저신불성(反諸身不誠) 149
발강강의(發强剛毅) 203
발이개중절(發而皆中節) 49
방책(方策) 126
방촌지간(方寸之間) 22
배천(配天) 207
백벽기형지(百辟其刑之) 219
백성권(百姓勸) 141
백세이사성인이불혹(百世以俟聖人而不惑) 195 196
백인가도(白刃可蹈) 67
벌가벌가(伐柯伐柯) 85
변귀천(辨貴賤) 120
변즉화(變則化) 161
변현(辨賢) 120
병육이불상해(竝育而不相害) 202
병행이불상패(竝行而不相悖) 202
보우명지(保佑命之) 110
본저신(本諸身) 195
부대성이색(不大聲以色) 220
부동이경(不動而敬) 216
부동이변(不動而變) 173
부모기순의호(父母其順矣乎) 100
부물(覆物) 171
부박여천(溥博如天) 206
부박연천(溥博淵泉) 205
부부(夫婦) 133
부부소지소능(夫婦所知所能) 38
부부지불초(夫婦之不肖) 80
부부지우(夫婦之愚) 80
부유사해지내(富有四海之內) 107

113
부자(父子) 133
부자(夫子) 25 39
부제도(不制度) 188
부존(不尊) 193
북방지강여(北方之强與) 69
불가탁사(不可度思) 105
불고문(不考文) 188
불급(不及) 58
불노이민위어부월(不怒而民威於鈇鉞) 218
불능(弗能) 153
불독(弗篤) 154
불득(弗得) 154
불면이중(不勉而中) 150
불명(弗明) 154
불명호선(不明乎善) 149
불변색언(不變塞焉) 72
불보무도(不報無道) 70
불사이득(不思而得) 150
불상이민권(不賞而民勸) 218
불선필선지지(不善必先知之) 163
불순호친(不順乎親) 149
불식즉구(不息則久) 169
불신(不信) 193
불신호붕우(不信乎朋友) 149
불언이신(不言而信) 216
불의례(不議禮) 188
불조(弗措) 153
불지(弗知) 154
불측(不測) 176
불현(不眩) 141
불현유덕(不顯惟德) 219
불현이장(不見而章) 173
불혹(不惑) 141
붕우지교(朋友之交) 133
비례부동(非禮不動) 143
비은(費隱) 41
비이은(費而隱) 41

ㅅ

사군(事君) 89
사방귀지(四方歸之) 142
사부(事父) 89
사사친(思事親) 132
사소소지다(斯昭昭之多) 176
사수신(思修身) 132
사시지착행(四時之錯行) 201
사유사호군자(射有似乎君子) 96
사이불염(死而不厭) 71
사전정즉불곤(事前定則不困) 147
사지보예중(士之報禮重) 141
사지인(思知人) 132
사체(四體) 163
사친(事親) 132
사형(事兄) 89
삼서(三書) 37

삼중언(三重焉) 192
상달처다(上達處多) 37
상률천시(上律天時) 199
상불괴우옥루(尙不愧于屋漏) 216
상불원천(上不怨天) 94
상재이실(相在爾室) 216
상천지재(上天之載) 220
생이지지(生而知之) 135
서기숙야(庶幾夙夜) 198
서동문(書同文) 189
서사(序事) 120
서소목(序昭穆) 120
서작(序爵) 120
서치(序齒) 120
석씨(石氏) 30 31
선시지(先施之) 89
선필선지지(善必先知之) 163
설귀설신(說鬼說神) 36
설기상의(設其裳衣) 119
성(性) 22 158
성(誠) 41 161 165～167
성공(成功) 135
성기인야(成己仁也) 167
성명지정(性命之正) 21
성물(成物) 167 171
성물지야(成物知也) 167
성신(誠身) 149
성의(誠意) 41
성인(聖人) 80 150
성인부지불능처(聖人不知不能處) 38
성인지도(聖人之道) 180
성자천지도(誠者天之道) 150
성즉명의(誠則明矣) 158
성즉형(誠則形) 161
성지덕야(性之德也) 167
성지불가엄(誠之不可揜) 106
성지위귀(誠之爲貴) 166
성지자인지도(誠之者人之道) 150
성탕문무(成湯文武) 24
성현술작전수(聖賢述作傳授) 40
소덕천류(小德川流) 202
소은행괴(素隱行怪) 74
소인반중용(小人反中庸) 53
소인이무기탄(小人而無忌憚) 54
소인지도(小人之道) 212
소인지중용(小人之中庸) 54
소인행험이요행(小人行險以徼幸) 95
솔성지위도(率性之謂道) 38 43
송(宋) 191
송왕영래(送往迎來) 144
수기조묘(修其祖廟) 119
수도이인(修道以仁) 128
수도지위교(修道之謂敎) 38 43
수록우천(受祿于天) 110
수신(修身) 132 138 139 143
수신이도(修身以道) 128

수우필명(雖愚必明) 155
수유필강(雖柔必强) 155
순(舜) 20 61
순기대효야(舜其大孝也) 107
순순기인(肫肫其仁) 210
순희(淳熙) 33
시귀(蓍龜) 163
시미유쟁(時靡有爭) 217
시왈(詩曰) 99 105 110 186 198 212 217 219
시운(詩云) 82 85 178 215 216 220
시지이불견(視之而弗見) 102
신가역사(矧可射思) 105
신기독(愼其獨) 47
신사지(愼思之) 152
신안(新安) 33
신지격사(神之格思) 105
심문지(審問之) 152

ㅇ

악(樂) 122
안씨(顔氏) 25
안이행지(安而行之) 135
암연이일장(闇然而日章) 212
애공문정(哀公問政) 41 125
양양(洋洋) 103 180
양일(洋溢) 207
어약우연(魚躍于淵) 82
억이강여(抑而强與) 69
언고행(言顧行) 89
언이민막불신(言而民莫不信) 206
언전정즉불겁(言前定則不跲) 147
여고슬금(如鼓瑟琴) 99
여수(旅酬) 120
여시저장호(如示諸掌乎) 123
여회명덕(予懷明德) 220
역공지소(亦孔之昭) 215
역행근호인(力行近乎仁) 137
연모(燕毛) 120
연비려천(鳶飛戾天) 82
연역(演繹) 26
연연기연(淵淵其淵) 210
연천여연(淵泉如淵) 206
예(禮) 122 130
예악(禮樂) 190
예의삼백(禮儀三百) 181
오목불이(於穆不已) 178
오열하례(吾說夏禮) 191
오종주(吾從周) 191
오학은례(吾學殷禮) 191
오학주례(吾學周禮) 191
오호불현(於乎不顯) 178
온고이지신(溫故而知新) 184
온오(蘊奧) 28
온이리(溫而理) 212
왕계(王季) 112 113 115

요순(堯舜) 25 26 199
요순우(堯舜禹) 24
요얼(妖孼) 163
용덕지행(庸德之行) 89
용언지근(庸言之謹) 89
우(禹) 20
우이호자용(愚而好自用) 187
원지즉유망(遠之則有望) 197
위능화(爲能化) 161
위물불이(爲物不貳) 174
위의삼천(威儀三千) 181
위자유위(危者愈危) 22
위정재인(爲政在人) 128
위태이불안(危殆而不安) 21
위하불배(爲下不倍) 186
유(悠) 175
유구(悠久) 171
유구무강(悠久無疆) 172
유도(有道) 149
유불문(有弗問) 153
유불변(有弗辨) 154
유불사(有弗思) 154
유불학(有弗學) 153
유불행(有弗行) 154
유원(悠遠) 170
유원인(柔遠人) 139 144
유정유일(惟精惟一) 20
유천지명(維天之命) 178
윤집궐중(允執厥中) 20
은악이양선(隱惡而揚善) 61
의금상경(衣錦尙絅) 212
의민의인(宜民宜人) 110
의이실가(宜爾室家) 99
의자의야(義者宜也) 129
이단(異端) 25
이단지설(異端之說) 28
이보기신(以保其身) 186
이승제사(以承祭祀) 103
이영종예(以永終譽) 198
이이행지(利而行之) 135
이인치인(以人治人) 86
인도민정(人道敏政) 127
인심(人心) 21～23
인심유위(人心惟危) 20
인십능지기천지(人十能之己千之) 154
인일능지기백지(人一能之己百之) 154
인자인야(仁者人也) 129
일권석지다(一卷石之多) 176
일신월성(日新月盛) 28
일야(一也) 133 135 147
일언(一言) 174
일월지대명(日月之代明) 201
일작지다(一勺之多) 176
일촬토지다(一撮土之多) 176
임금혁(衽金革) 71
입덕(入德) 212

입천하지대본(立天下之大本) 208

ㅈ

자도(自道) 165
자로문강(子路問强) 69
자명성(自明誠) 158
자사(子思) 19 25 26 29 39
자서민(子庶民) 139
자성(自成) 165
자성기(自成己) 167
자성명(自誠明) 158
자손보지(子孫保之) 107 113
자왈(子曰) 39 56 58 60 61 64 66 67 69 74 84 96 100 101 107 112 117 126 187 191 220
자천신지(自天申之) 110
작록가사(爵祿可辭) 67
잠수복의(潛雖伏矣) 215
장구(章句) 31 35 39 40
재급기신자(災及其身者) 187
재명성복(齊明盛服) 103
재물(載物) 171
재상위불릉하(在上位不陵下) 94
재용족(財用足) 141
재자배지(栽者培之) 109
재장중정(齊莊中正) 204
재전(再傳) 28
재차무역(在此無射) 198
재피무오(在彼無惡) 198
재하위불원상(在下位不援上) 94
저즉명(著則明) 161
적연이일망(的然而日亡) 212
전왕불망(前王不忘) 42
정(精) 23
정곡(正鵠) 96
정부자(程夫子) 29
정상(禎祥) 163
정일(精一) 27
제명성복(齊明盛服) 143
제부곤제불원(諸父昆弟不怨) 141
조단호부부(造端乎夫婦) 83
조빙(朝聘) 144
존덕성이도문학(尊德性而道問學) 183
존위천자(尊爲天子) 107 113
존현(尊賢) 139
존현위대(尊賢爲大) 129
존현지등(尊賢之等) 130
종묘지례(宗廟之禮) 120 123
종묘향지(宗廟饗之) 107 113
주격무언(奏假無言) 217
주공(周公) 114
주자왈(朱子曰) 35
주희(朱熹) 33
준극우천(峻極于天) 180
중(中) 49 61
중니(仲尼) 199

중니왈(仲尼曰) 53
중립이불의(中立而不倚) 72
중용(中庸) 19 35～37 39 40 42 56 67
중화(中和) 40 51
증씨(曾氏) 25
지각(知覺) 21
지도민수(地道敏樹) 127
지도불응언(至道不凝焉) 183
지미지현(知微之顯) 212
지사불변(至死不變) 72
지성(至誠) 159 161
지성무식(至誠無息) 169
지성여신(至誠如神) 163
지성지도(至誠之道) 163
지원지근(知遠之近) 212
지의(至矣) 220
지인(知人) 132 196
지인용(知仁勇) 133
지지(知之) 135
지지소재(地之所載) 207
지천(知天) 132 196
지치근호용(知恥近乎勇) 137
지풍지자(知風之自) 212
진기종기(陳其宗器) 119
질저귀신이무의(質諸鬼神而無疑) 195 196
집기양단(執其兩端) 61
집략(輯略) 32
집중(執中) 27
징저서민(徵諸庶民) 195

ㅊ

처자호합(妻子好合) 99
천기시식(薦其時食) 119
천리지공(天理之公) 22
천명솔성(天命率性) 27
천명지위성(天命之謂性) 38 43
천이호자전(賤而好自專) 187
천자지례(天子之禮) 115
천지생물(天之生物) 109
천지소부(天之所覆) 207
천지지도(天地之道) 174 175
천지지무부지재(天地之無不持載) 201
천하국가가균(天下國家可均) 67
천하도(天下道) 197
천하막능재언(天下莫能載焉) 80
천하막능파언(天下莫能破焉) 80
천하법(天下法) 197
천하외지(天下畏之) 142
천하지달덕(天下之達德) 133
천하지달도(天下之達道) 49
천하지달도오(天下之達道五) 133
천하지대경(天下之大經) 208
천하지대본(天下之大本) 49
천하지성(天下至聖) 203

천하지성(天下至誠) 208
천하칙(天下則) 197
천하평저사(天下平底事) 42
청지이불문(聽之而弗聞) 102
체군신(體群臣) 139
체상지의(禘嘗之義) 123
총명성지(聰明聖知) 211
총명예지(聰明睿知) 203
충서위도불원(忠恕違道不遠) 87
충신중록(忠信重祿) 144
취인이신(取人以身) 128
치광대이진정미(致廣大而盡精微) 183
치인(治人) 138
치지(致知) 41
치천하국가(治天下國家) 138
친친(親親) 139
친친위대(親親爲大) 129
친친지쇄(親親之殺) 130
침잠반복(沈潛反復) 31 39

ⓣ

택선고집(擇善固執) 27
택선이고집(擇善而固執) 151
택호중용(擇乎中庸) 64 66

ⓟ

포로(蒲盧) 127

ⓗ

하불우인(下不尤人) 94
하습수토(下襲水土) 200
하학처소(下學處少) 37
학이지지(學而知之) 135
행고언(行顧言) 89
행동륜(行同倫) 189
행원필자이(行遠必自邇) 98
행이민막불열(行而民莫不說) 206
행전정즉불구(行前定則不疚) 147
행호부귀(行乎富貴) 93
행호빈천(行乎貧賤) 93
행호이적(行乎夷狄) 93
행호환난(行乎患難) 93
허령(虛靈) 21
헌헌영덕(憲憲令德) 110
현이민막불경(見而民莫不敬) 206
혈기(血氣) 207
형기지사(形氣之私) 21
형제기흡(兄弟旣翕) 99
형즉저(形則著) 161
호학근호지(好學近乎知) 137
호호기천(浩浩其天) 210
혹문(或問) 32
화(和) 49
화락차탐(和樂且耽) 99
화민(化民) 220
화육(化育) 208

화이불류(和而不流) 72
회(回) 66
회제후(懷諸侯) 139 144
효(孝) 118 122
후(厚) 175
후왕이박래(厚往而薄來) 144
희(熹) 31
희노애락지미발(喜怒哀樂之未發) 49
희름칭사(旣稟稱事) 144

新完譯 中 庸
-경제학자가 본 알기쉬운 대학-

初 版 發 行●2004年 6月 15日
2 刷 發 行●2012年 6月 11日
譯著者●姜 秉 昌
發行者●金 東 求
發行處●明 文 堂(1923. 10. 1 창립)
서울특별시 종로구 안국동 17~8
우체국 010579-01-000682
전화 (영) 733-3039, 734-4798
(편) 733-4748
FAX 734-9209
Homepage www.myungmundang.net
E-mail mmdbook1@kornet.net
등록 1977. 11. 19. 제1~148호

정가 10,000원
ISBN 89-7270-754-6 94140
ISBN 89-7270-052-5 (세트)